¡Lo que no quiero hacer eso hago!

¿Quién es este hombre dividido?

Experimenta verdadera libertad
A través del poder de la gracia

Andrés Neira

 www.trafford.com

North America & international
toll-free: 1 888 232 4444 (USA & Canada)
fax: 812 355 4082

LISTA DE CONTENIDO

DEDICATORIA

Quisiera dedicar este libro, a todos aquellos creyentes, que una y otra vez, siguen intentado métodos y fórmulas para vencer los deseos desenfrenados de hacer lo malo que tanto aborrecen.

Dedico este libro, a aquellas almas cansadas, agotadas y también defraudadas y desanimadas por los mensajes llenos de legalismos y condenación.

Hay una gran batalla, una batalla dentro de lo más profundo de nuestras almas. La buena noticia es que hay esperanza para usted, la guerra fue ganada, el viejo hombre fue crucificado, todo fue ya provisto en la cruz del Calvario.

No es lo que usted hace, sino donde usted enfoca la fe, lo que le dará la victoria total.

Hay victoria para todos los creyentes, y usted también puede participar de ella.

Salga del "hacer" y entre en el "creer", salga de la ley y descanse en la gracia. Todo fue consumado y ya no hay de que temer.

Le invito a un viaje por verdades que cambiarán su vida para siempre.

Andrés Neira

Agradecimientos

Mi más profundo agradecimiento a mi Señor Jesucristo y su gracia maravillosa que ha sido más que suficiente para sostener mi vida todos estos años. También quiero agradecer a mi Señor por el gran privilegio que me ha concedido de caminar esta aventura de fe junto a mi amada esposa Hilda, ella ha sido el sostén en cada momento de mi carrera; junto a cada desafío que he enfrentado tú has estado allí, te amo con amor que va más allá de las palabras, gracias por seguirme como buena compañera idónea y fiel.

Con la ayuda de nuestro Dios, tú y yo juntos para siempre disfrutando la vida abundante de Dios.

Andrés Neira

Introducción

Fue al rededor del año 1996 que comencé a aprender sobre esta gracia maravillosa, luego en el año 2000, por ahí por el mes de marzo tuve la oportunidad de escuchar por primera vez en mi vida sobre el tema de la cruz de Cristo. Hoy después de trece años, el Señor en su amor me ha revelado en lo más profundo de mí ser esta maravillosa verdad espiritual en una forma más clara.

En este pequeño libro que comparto con usted es lo que he aprendido sobre el tema, el cual he tratado de ponerlo en mis propias palabras.

Creo sin lugar a equivocarme que no hay mensaje en el mundo más importante que el mensaje de la cruz. Lo que hoy en día la iglesia necesita es volver su mirada a la obra en el madero, a la obra de sustitución.

Todo se encierra allí. En la cruz no sólo se pagó por el pecado de Adán, también el acusador nuestro que era la ley fue quitado. Ahora, la maravilla más grande es que el poder y dominio que tenía la naturaleza caída sobre nosotros fue derrotado completamente.

Déjeme decirle que si hay esperanza y solución para los deseos engañosos de nuestra carne. Dios no nos salvó para llevar vidas miserables y derrotadas. Gracia no es licencia para pecar ni muchos menos conformismo derrotista.

Hoy son miles y miles los cristianos que están enfocando la fe en el lugar equivocado.

Orar es bueno, pero ni la oración ni el ayuno ni las unciones con aceite nunca van a apagar los deseos desenfrenados de hacer lo malo.

No importa cual sea la lucha que usted tenga, piensa en la pequeña hasta la más espantosa, la única respuesta es enfocar la fe en una sola obra, la obra sustitutiva del calvario.

No es cuanto usted haga, sino lo que usted cree lo que hará la diferencia.

Del mismo modo como la verdad hace libre, así también la mentira esclaviza, el único fruto verdadero de saber si uno está es la verdad es que la información que hayamos adquirido nos produzca libertad.

En este libro titulado: ¡Lo que no quiero hacer eso hago! *¿Quién es este hombre dividido?* He sentido en mi corazón que hay mucho que compartir sobre el tema, veo tanta frustración dentro del cuerpo de Cristo, hay una gran necesidad de poder experimentar la vida abundante que Cristo prometió, una vida libre de la esclavitud del pecado.

Los mensajes que de los púlpitos se están escuchando no son muy alentadores.

La gente quiere ser libre, pero la iglesia ha fallado en entregar el mensaje correcto, hemos llenado los púlpitos de mensajes sicológicos, alegóricos y seculares, y lo peor de todos nos hemos olvidado de la obra de la cruz.

Lo que los creyentes hoy día están escuchando, no es otra cosa que una mezcla entre dos pactos, la cual está produciendo una deformación en su verdadera identidad en Cristo.

Un poquito de Moisés y un poquito de Jesús, un poquito de la ley y un poquito de la gracia.

Este libro pretende no sólo honrar la obra sustitutiva de Cristo en la cruz del Calvario, este libro ha sido escrito con la intención que creyentes y no creyentes puedan tener un encuentro profundo y real con la persona de Jesús, Jesús es el todo, Jesús es el evangelio de la buenas nuevas.

Quiero presentarle a la persona de Jesús.

Te invito a conocer tu nueva identidad en Cristo.

Capítulo 1

El pecado ya no es problema para con Dios

Antes de entrar en más detalles sobre porque el pecado ya no es problema para Dios, de seguro usted estará pensando en el mensaje que a menudo escucha en la iglesia.

Casi la gran mayoría de los mensajes están centrados en cuán condenado está el hombre, y cuanto este tiene que hacer para obtener el favor de Dios. Se nos ha vendido la idea de un Dios enojado y molesto, se nos ha presentado a un Dios que aún no está satisfecho con la obra de su hijo en la cruz.

Pero: ¿Que es lo que dice la Biblia al respecto?

Mire lo que dijo el profeta Isaías referente a la obra de Jesús como siervo sufriente:

Verá el fruto de la aflicción de su alma, y "quedará satisfecho". (Isaías 53:11)

(Las cursivas son mías).

La versión Nueva Traducción Viviente lo pone de esta forma.

Cuando vea "todo lo que se logró" mediante su angustia, quedará satisfecho. (Cursivas mías).

¿Qué fue lo que Cristo logró?

Cristo logró que el Padre quedara satisfecho.

¿Qué otra cosa fue lo que Cristo logró?

Jesús logró que la deuda que había por el pecado pendiente de Adán fuera pagada en su totalidad. Eso es lo que significa cuando la Biblia nos habla que fuimos justificados del pecado. La mejor manera que podríamos definir el ser justificado sería:

"Hemos sido declarados sin culpa ante Dios".

Ahora bien:

¿Cómo fue que Cristo lo logró?

La respuesta se encuentra en el mismo verso.

… se logró "mediante su angustia".

(Cursivas mías).

Allí es donde radica el valor de la obra sustitutiva, él tomó lo que yo merecía para que yo pudiera disfrutar lo que él tenía en su relación con el Padre, una relación íntima y profunda donde el pecado no tiene ningún valor ni trascendencia.

Para que Jesús, se convirtiese en mi buen pastor en donde nada me falta (me refiero al salmo veintitrés), él tenía que asumir mi lugar de sustitución del salmo veintidós.

El salmo veintidós describe toda su aflicción en el madero, más adelante estaremos entrando en más detalles.

El pecado original

Seguro que más de una vez usted ha escuchado el famoso pecado original.

Viajemos juntos en el tiempo, y veamos cómo es que entró este pecado en el mundo y aprendamos cual fue ese pecado que trajo tan nefastas consecuencias sobre no sólo la humanidad, sino también sobre la creación misma.

¿Por qué vino el juicio de Dios al mundo?

Se ha preguntado usted alguna vez: ¿Por qué vino el juicio al mundo?

Creo yo que casi la gran mayoría de los creyentes y las personas en general tienen la idea que el juicio, o la condenación vino por los pecados que todos han cometido, o por los pecados que cometemos a diario.

Primero, tenemos que diferenciar entre lo que la Biblia llama el pecado, y los pecados.

El pecado original como se conoce, es la gran falta de Adán allá en el huerto del Edén.

Cuando Adán falló, entró el pecado al mundo. Su pecado produjo no sólo muerte física pero engendró en nosotros una naturaleza caída la cual produce pecados.

Todos los seres humanos nacemos con esta naturaleza, más adelante veremos que fue lo que Dios hizo con esta naturaleza cuando usted entrega su vida a Cristo.

Podríamos decir que los pecados nacieron como el resultado del gran pecado original que cometió Adán.

Ahora bien, veamos que nos dice la palabra de Dios al respecto.

Por tanto, como "el pecado entró en el mundo por un hombre", y por el pecado la muerte, así la muerte pasó a todos los hombres, por cuanto todos pecaron. Romanos 5:12

(Cursivas mías).

Ese hombre, es el personaje del cual venimos hablando. Ese hombre es Adán. Del mismo modo como la muerte pasó a todos los hombres por causa del pecado original. Así también la naturaleza caída; que no es otra cosa que el instinto natural del hacer el mal pasó a toda la humanidad.

Nuevamente la pregunta es:

¿Es el pecado, o los pecados los que trajeron el juicio al mundo?

Volvamos a la palabra de Dios.

Y con el don no sucede como en el caso de aquel uno que pecó (es decir Adán)**; porque ciertamente el juicio vino a causa de "un solo pecado" para condenación, pero el don vino a causa de muchas transgresiones para justificación. Romanos 5:16** (Cursivas mías).

¿Se da cuenta que el juicio que condenó al mundo fue por causa de un solo pecado?, este pecado fue la falta de Adán. Una vez más, no fueron los pecados los que nos condenaron, pues los pecados son sólo el producto de una naturaleza caída e inclinada al mal heredada de nuestro padre Adán.

¿Cuál fue el resultado del pecado y la desobediencia de Adán?

La falta de Adán produjo cuatro cosas.

1. Juicio. Romanos 5:16.
2. Muerte. Romanos 5:17.
3. Condenación. Romanos 5:18.
4. Engendró en el ser humano una naturaleza diferente a la que tenía originalmente.
   Romanos 5:19

El pecado de Adán abre por primera vez los ojos al hombre y le muestra su condición externa. Adán se da cuenta que estaba desnudo.

Al Adán pecar, esto inmediatamente puso en activación la segunda parte de la cual Adán y el hombre está compuesto, la cabina de comando ya no estaba en el espíritu de Adán, ahora el hombre iba a comenzar a caminar por los dictámenes de su alma que es donde radican las emociones, la conciencia, la voluntad humana, y donde está la capacidad de interpretar los cinco sentidos que todos los seres humanos tenemos. Fue allí, en su alma donde la conciencia de Adán le dijo:

"Hombre estás desnudo, no tienes ropa, ni nada que cubra tu cuerpo".

Entonces fueron abiertos los ojos de ambos, y conocieron que estaban desnudos; entonces cosieron hojas de higuera, y se hicieron delantales. Génesis 3:7

Note conmigo por favor, que es en ese momento donde nace en el hombre la idea de cubrir el pecado a través de su propio esfuerzo.

En Génesis vemos al hombre y su propia receta para cubrir el pecado, y vemos también la única prescripción Bíblica que Dios tenía en mente para tratar con el pecado y esta es el sacrificio de un animal, tipología de Cristo.

Y el SEÑOR Dios hizo ropa de pieles de animales para Adán y su esposa.

Génesis 3:21. NTV

Es fácil deducir que estas pieles fueron extraídas de animales sacrificados, lo interesante del asunto fue que Adán no sacrificó ninguno de estos animales, tanto el sacrificio y las vestimentas fueron hechas por la mano de Dios, lo cual nos lleva nuevamente a la conclusión que es Dios no sólo el autor del plan, sino también el consumador de este mismo.

Dios es sólo el único que tiene algo que ofrecer, la solución viene siempre sólo de Dios.

Todo intento humano de tratar de conseguir cualquier tipo de favor de parte de Dios no es más que hojas secas sin fruto ni vida. Dios es la fuente de la vida, Jesús es la fuente del fruto.

Ciertamente, yo soy la vid; ustedes son las ramas. Los que permanecen en mí y yo en ellos producirán mucho fruto porque, separados de mí, no pueden hacer nada. Juan 15:5 NTV

¿Que pasó con el pecado de Adán?

La Biblia nos enseña que Jesús vino como segundo Adán, es decir como tipo o figura de aquel Adán para quitar de una vez por todas la gran falta cometida en el huerto del Edén.

El siguiente día vio Juan a Jesús que venía a él, y dijo: He aquí el Cordero de Dios, que quita el pecado del mundo. Juan 1:29

Recuerde esto:

Todo es acerca de Jesús, él es el todo, él es cordero, él es la sangre, él es el santuario, él es el sumo sacerdote de este Nuevo Pacto.

Él vino no sólo para pagar por el pecado de Adán, él vino para quitar el pecado de en medio.

¡Gloria a Dios!

La Biblia dice:

Porque no entró Cristo en el santuario hecho de mano, figura del verdadero, sino en el cielo mismo para presentarse ahora por nosotros ante Dios; y no para ofrecerse muchas veces, como entra el sumo sacerdote en el Lugar Santísimo cada año con sangre ajena. De otra manera le hubiera sido necesario padecer muchas veces desde el principio del mundo; pero ahora, en la consumación de los siglos, se presentó una vez para siempre por el sacrificio de sí mismo "para quitar de en medio el pecado". Hebreos 9:24-26

(Cursivas mías)

¡Consumado es!

Bien, el pecado de Adán, o la deuda que había por aquella trasgresión fueron pagados en la cruz.

Es por eso que Jesús en la cruz dijo: "consumado es".

Esta palabra consumado, es la misma palabra griega, que se usaba cuando los cobradores de impuestos dejaban libres de la deuda al pueblo después que ellos pagaban sus impuestos al imperio romano.

Una vez pagada la deuda ya no hay nada más que pagar, todo está consumado.

Pero no se equivoque, el pecado de Adán no fue perdonado, el pecado de Adán fue castigado en la cruz. Si la falta de Adán fue perdonada;

¿Por que entonces Cristo tiene que morir en la cruz?

Déjeme ilustrarlo de la siguiente manera, supongamos que usted roba un banco, además de robar el banco usted da muerte a varias personas, luego usted es capturado y enjuiciado, el veredicto dice que usted debe morir, ahora yo entro en escena, y le pido al juez que a usted no lo maten y que me pongan a mi en su lugar, la corte lo acepta, y me matan. Le pregunto yo: ¿Su falta ante la sociedad fue perdonada? ¡Por supuesto que no! Su crimen fue castigado, lo que sucede que fue castigado en mi persona. Usted quedó libre porque alguien tomó su lugar y pagó.

Mire por un momento lo que dice Isaías:

… "el castigo de nuestra paz fue sobre él", y por su llaga fuimos nosotros curados. Isaías 53:5. (Cursivas mías)

Jesús fue castigado por esa falta. En la cruz lo que hay es una obra sustitutiva. Es decir, Jesús es castigado para que en su castigo usted y yo podamos experimentar paz.

En la cruz hay varias obras bien importantes. Primero, Jesús muere por el pecado de Adán, lo quita de en medio. Segundo, al ser castigado el pecado de Adán, todos, absolutamente todos los pecados pasados, presentes y futuros son perdonados.

Quizás usted se este preguntando:

¿Como es posible que todos los pecados incluyendo los del futuro también estén perdonados?

Más de alguno con una mentalidad legalista y dogmática dirá:

¡Yo no ceo en absoluto eso, eso sólo me suena a mí como licencia para pecar!

Bueno, referente a dar licencia para pecar, si usted es sincero con usted mismo, ya habrá notado por su propia experiencia que usted viene pecando hace mucho tiempo y sin licencia. La prueba de esto es que usted está leyendo este libro precisamente por eso, usted está cansado de ser derrotado por las obras de la carne y tiene la esperanza (y yo la seguridad), que lo que aquí estamos compartiendo marcará la diferencia entre una vida derrotada y frustrada a una vida llena de la persona de Jesús, él es la respuesta a todo estos males.

Ahora, con respecto a si es posible que aún los pecados del futuro también estén perdonados, se lo voy a poner de esta forma: Hace dos mil años atrás usted no había nacido ¿verdad? Bien usted no había nacido, sin embargo Cristo estaba muriendo por usted y por todas sus faltas que iba a cometer en dos mil años mas adelante. Nuevamente, si usted no había nacido y Cristo estaba muriendo porque en el futuro, usted iba a venir a este mundo a portarse de la forma como se porta; entonces podemos concluir, que Cristo murió también por los pecados futuros.

¡Gloria a Dios!

¿Qué más ocurre en la cruz?

En la cruz se rompe el poder que tenía el pecado o nuestra naturaleza caída sobre nosotros. En la cruz morimos a la ley, al mundo y al pecado.

Esa es la razón por la cual nuestro mensaje debe tener un énfasis de reconciliación. Ya el pecado, la falta de Adán no es problema para Dios, Él quitó el pecado de una vez y para siempre.

Y todo esto proviene de Dios, quien nos reconcilió consigo mismo por Cristo, y nos dio el ministerio de la reconciliación;

Que Dios estaba en Cristo reconciliando consigo al mundo, "no tomándoles en cuenta a los hombres sus pecados", y nos encargó a nosotros la palabra de la reconciliación.

2 Corintios 5:18-19

(Cursivas mías)

Tristemente, eso no es lo que se escucha hoy en día desde los púlpitos, hoy día las buenas nuevas se han convertido en malas noticias.

Se ha preguntado usted:

Si Dios no está tomando en cuenta el pecado al hombre para llegar a tener una relación con él ¿Por qué tanto énfasis en el pecado?

La respuesta, está en el no saber trazar la Palabra de Dios a través de pactos.

Hoy estamos bajo un Nuevo Pacto, el Nuevo Pacto no es la continuidad del Antiguo Pacto, el nuevo no sólo es nuevo, sino también es mucho mejor.

El Antiguo Pacto vemos a un Dios enojado y airado por la deuda que había pendiente por causa del pecado original de Adán, sin embargo, es en la persona de Jesús, donde el Padre tiene complacencia, es en la persona de Jesús donde el Padre tiene gozo.

Tú eres mi Hijo muy amado y me das un gran gozo. Lucas 3:22 NTV

Amigo, Dios ya no está enojado.

A pesar de que Dios no está enojado, hoy días miles de personas van al infierno diariamente al morir con sus pecados perdonados. Me imagino que a esta altura del partido usted ya tiene ganas de abandonar la lectura de este libro, si ese es el caso, no lo haga, déjeme que se lo explique. En la cruz, Jesús como ya hemos dicho, pagó por todos nuestros pecados, absolutamente todos, actualmente y técnicamente, Dios no está salvando a nadie, la salvación fue provista hace dos mil años atrás. Quizás usted se este preguntando: Si la salvación fue provista hace dos mil años atrás.

Entonces: ¿Por qué gente se está yendo al infierno?

Mire, en la mente de Dios el pecado de todo el mundo fue perdonado, pero el perdón es un regalo que nos ha sido dado por gracia pero que es recibido por la fe.

Técnicamente esto fue lo que ocurrió.

11

Y él es la propiciación por nuestros pecados; y no solamente por los nuestros, sino también por los de todo el mundo. 1 Juan 2:2

La palabra griega para propiciación es la palabra *hilamos,* que es un vocablo que se usaba en relación a apartar la ira mediante un acto justo. Jesús fue ese acto justo que apartó toda ira.

Dios en Cristo no sólo apartó la ira que había sobre nosotros sus hijos; sino también apartó la ira que había sobre todo el mundo.

¿Todo mundo es salvo entonces?

Lamentablemente, la salvación está disponible para todo el mundo, pero no todo el mundo la ha recibido.

¿Qué es lo que condena al mundo?

La condenación no está en que no hay provisión para el pecado, la condenación está en no haber creído que Jesús sea esa provisión.

Porque no envió Dios a su Hijo al mundo para condenar al mundo, sino para que el mundo sea salvo por él.

El que en él cree, no es condenado; "pero el que no cree, ya ha sido condenado", porque no ha creído en el nombre del unigénito Hijo de Dios. Juan 3:17-18. Cursivas mías.

Se da cuenta que, lo que está mandando al infierno diariamente a hombre y mujeres no son sus pecados; sino más bien no haber creído que la deuda ya ha sido candelada en la persona de Jesús.

¡La gracia sola no salva!

La gracia sola, por más hermosa y poderosa que sea, no puede por sí sola salvar al perdido.

La salvación no es por gracia, decir que la salvación es por gracia es una verdad, pero una verdad incompleta.

Démosle una mirada a nuestra Biblia.

Porque por gracia sois salvos por medio de la fe; y esto no de vosotros, pues es don de Dios. Efesios 2:8

La gracia es el regalo más bello que Dios jamás nos ha podido dar, la gracia es la persona de Jesús. Jesús en el evangelio, Jesús es las buenas nuevas, sin embargo el mismo verso nos declara que este regalo, esta persona es recibida por medio de un elemento llamado fe.

Si la gracia sola salvara, entonces todo el mundo sería salvo.

Lo cierto es que en el corazón de nuestro Padre, la salvación está disponible para todos los seres humanos, pues Dios no hace acepción de personas.

Porque esto es bueno y agradable delante de Dios nuestro Salvador, él cual quiere que todos los hombres sean salvos y vengan al conocimiento de la verdad. 1 Timoteo 2:3

¡Un llamado a recibir este regalo!

Antes de seguir al siguiente capítulo, me gustaría no dejar pasar la oportunidad de hacer una invitación a aquellos que nunca han recibido el regalo de la vida eterna, el regalo de la gracia, esta gracia es la persona de Jesús. Si aún no has entendido bien de lo que estoy hablando le invito a leer nuevamente este capítulo en el cual usted está ahora, pues este será el punto de partida en la vida de fe.

Bien, si ya está claro y entiende que la deuda por el pecado ya ha sido cancelada, y quiere tener la seguridad que desde este mismo instante hasta siempre puede gozar de la vida eterna, le invito a que ore la siguiente oración

Querido Padre, gracias te doy por el regalo de la salvación, hoy día yo recibo la vida eterna al confesar que Cristo murió para darme redención y vida eterna. En este momento paso de muerte a vida y te pido que me llenes de tu Espíritu Santo en el nombre de Jesús.

Si ha hecho esta simple oración quiero decirte que en el cielo hay gran gozo por su decisión.

Bienvenido a la familia de Dios.

Capítulo 2

¿Cuantas naturalezas tiene el creyente?

El nuevo nacimiento

¿Qué clase de pregunta verdad?

Casi a la gran mayoría de los creyentes se les ensaña, que nosotros los hijos de Dios tenemos dos naturalezas. Por una parte tenemos la naturaleza caída, y por otra parte tenemos la naturaleza nueva, es como si nosotros fuéramos unos "esquizofrénicos" espiritualmente hablando.

Pero: ¿Qué es lo que enseña la Biblia?

En él también fuisteis circuncidados con circuncisión no hecha a mano, al echar de vosotros el cuerpo pecaminoso carnal, en la circuncisión de Cristo. Colosenses 2:11

Andrés Neira

Para hacerlo más claro, vamos a comparar este pasaje con otra versión de la Biblia.

Cuando ustedes llegaron a Cristo, fueron «circuncidados», pero no mediante un procedimiento corporal. Cristo llevó a cabo una circuncisión espiritual, es decir, les quitó la naturaleza pecaminosa. Colosenses 2:11 NTV

El apóstol Pablo usa el término circuncisión, para darnos la idea que algo fue cortado y sacado del cuerpo. El mismo pasaje nos aclara que lo que fue cortado y sacado, esto fue la vieja naturaleza pecaminosa que teníamos antes de llegar a Cristo, note conmigo que el texto Bíblico comienza aclarándonos que todo este cambio ocurrió cuando llegamos a Cristo.

Juntos tendremos que hacer un largo recorrido explicando porque aún teniendo una sola naturaleza todavía tenemos la tendencia a ceder a la tentación. Recuerde que el cambio ocurrió sólo en nuestros espíritus, nuestra carne también tiene deseos, Dios puso en ella necesidades básicas tales como; el tener hambre, la necesidad de la sexualidad. Muchas de estas necesidades pueden salirse de control, nosotros podemos caer en el extremo de querer más, hasta llegar al punto de ser dominados por apetitos que nosotros mismos hemos desarrollado. El viejo hombre producía una fuerza interna malvada e incontrolable. Ahora en la nueva creación en Cristo la fuerza de tentación viene de afuera y presiona a una carne que está viva y reacciona.

No os ha sobrevenido ninguna tentación que no sea humana; pero fiel es Dios, que no os dejará ser tentados más de lo que podéis resistir, sino que dará también juntamente con la tentación la salida, para que podáis soportar. 1 Corintios 10:13

Si observamos con atención, notaremos que las tentaciones sobrevienen, es decir llegan desde afuera e impactan a una de las partes de la cuales estamos compuestos, esta parte es nuestra carne.

Otra cosa que también podemos ver en este pasaje, es que Dios en su amor siempre provee los medios y la puerta de escape. Al usar la expresión "salida" es fácil entender que el asunto es algo que está ocurriendo desde afuera y que está invadiendo a una carne que reacciona. Santiago capítulo dos verso catorce nos habla de cómo la carne reacciona a la tentación externa, el escritor nos dice que somos tentados cuando de nuestra concupiscencia somos atraídos y seducidos. La palabra concupiscencia según el diccionario es apetitos desordenados, es decir la tentación externa tiene un gran jardín donde depositar sus semillas, y encuentra fertilidad en un terreno que por malos hábitos y costumbre se encuentra fuera de control. Nuevamente pongamos el ejemplo de la sexualidad, la sexualidad es parte de un deseo natural y hermoso creado por Dios; sin embargo la sexualidad puede volverse un apetito incontrolable al ser alimentado desde nuestra mente por los hábitos e información equivocada de su función. No pretendo presentar la idea agnóstica que no hay tal cosa como la carne y que todo es un asunto de la mente. La carne está viva, usted siente frío ¿verdad? Lo más importante es entender técnicamente usted está muerto, su naturaleza vieja que era el motor que impulsaba todo descontrol, fue reemplazada. Lo que nos queda es el residuo de este viejo hombre alojado en una carne habituada y acostumbrada a ser alimentada. La mente es vital, pero no es el corazón del asunto, la mente es la herramienta que usará el Espíritu Santo para fortalecer su nuevo hombre interior. La mente también puede ser el vehículo que estimule su carne al desenfreno. Por eso y mucho más, es de suma importancia que usted comprenda el factor clave que ocupa la fe en todo esto.

La naturaleza caída, ni Adán ni Jesús la tuvieron

Muchos sostienen, que el creyente tiene dos naturalezas, y esa es la razón por la cual él peca. Sin embargo, Adán y Eva antes de caer tuvieron una sola naturaleza, ellos tuvieron la vida en Dios (en su espíritu), pero vemos que a pesar de esa realidad, igual cedieron su vida al pecado. Otros, podrán argumentar, que somos tentados por causa de nuestra naturaleza caída. Esa hipótesis se cae, al considerar que Jesús fue tentado sin tener una naturaleza pecaminosa.

Un creyente nacido de nuevo, aunque tenga una sola naturaleza, la naturaleza de Dios en su espíritu, igual puede ceder al pecado, e igualmente puede ser tentado. Esa es la razón por la cual ya no hay excusa, Dios solucionó este problema capacitándonos con su naturaleza divina en nuestros espíritus. Esa es nuestra nueva identidad en Cristo, esa es la forma en que a todos se nos ha capacitado para vencer.

Divina quiere decir, que Dios puso dentro de nuestros corazones algo de origen espiritual. Algo que sólo viene de Dios. Su Espíritu en nosotros, influencia divina.

Como todas las cosas que pertenecen a la vida y a la piedad nos han sido dadas por su divino poder, mediante el conocimiento de aquel que nos llamó por su gloria y excelencia, por medio de las cuales nos ha dado preciosas y grandísimas promesas, para que por ellas llegaseis a ser participantes de la naturaleza divina, habiendo huido de la corrupción que hay en el mundo a causa de la concupiscencia. 2 Pedro 1:3-4

Somos seres tripartitos

Vamos a comenzar definiendo "cómo estamos compuestos como seres humanos". La Biblia dice así:

Y el mismo Dios de paz os santifique por completo; y todo vuestro ser, espíritu, alma y cuerpo, sea guardado irreprensible para la venida de nuestro Señor Jesucristo. 1 Tesalonicenses 5:23

Podemos ver claramente que somos seres tripartitos, es decir, estamos compuestos de tres partes. Comencemos con el espíritu. El espíritu es nuestro ser interior llamado en algunas ocasiones corazón, el espíritu fue el que murió al perder la vida de Dios en un comienzo. Es en el espíritu donde comienza el nuevo nacimiento.

Lo que es nacido de la carne, carne es; y lo que es nacido del Espíritu, espíritu es. Juan 3:7

El día que usted hizo la oración para recibir a Jesús como su salvador personal, ese mismo en su interior día mismo, ocurrió es el mayor de los milagros, en lo más profundo de su ser vino la vida de Dios.

Ahora bien, ese cambio vino a su espíritu, de seguro usted no vio ningún cambio físico ni muchos menos mental, usted siguió luciendo calvito, o gordita igual que antes, y por cierto, siguió teniendo la misma mentalidad que antes tenía. Más sin embargo la Biblia dice que usted estaba muerto.

Y él os dio vida a vosotros, cuando estabais muertos en vuestros delitos y pecados. Efesios 2:1

Bien, como ya explicamos en el capítulo anterior, todo nacemos con la naturaleza heredada de nuestro padre Adán a causa de su desobediencia.

El rey David lo puso de esta forma:

Pues soy pecador de nacimiento, así es, desde el momento en que me concibió mi madre. Salmo 51:5 NTV

¿Cómo puede ser que el hombre nazca pecador?

¿Ha notado usted que al niño chiquito no hay que enseñarle a hacer el mal?

Todo lo contrario, como padres nos vemos en la obligación de enseñarles lo bueno, hacer lo malo viene innato desde el vientre en la naturaleza caída del ser humano. Los niños son envidiosos, egoístas, caprichosos, en fin yo creo que usted ya ha comprobado eso por experiencia, pues si no ha tenido un niño por lo menos sabe que un día usted lo fue.

¡La gran promesa!

Vamos por un momento al Antiguo Pacto, y veamos una impactante declaración de Dios. Este es Dios mismo hablando.

Os daré corazón nuevo, y pondré espíritu nuevo dentro de vosotros; y quitaré de vuestra carne el corazón de piedra, y os daré un corazón de carne. Y pondré dentro de vosotros mi Espíritu, y haré que andéis en mis estatutos, y guardéis mis preceptos, y los pongáis por obra. Ezequiel 11:19-20

Aquí hay varias cosas (la gran mayoría creo yo, va estar de acuerdo), que dentro de nosotros el día que recibimos salvación, Dios puso un espíritu nuevo dentro de nosotros. Sin embargo el texto no para ahí, el verso sigue diciendo: **"… y quitaré de vuestra carne el corazón de piedra…"** ¿Qué fue lo que le pasó al viejo hombre? ¿Dónde fue a parar? Antes de responder a esa pregunta, me gustaría que notara que en ese mismo verso está la gran promesa de que a ése espíritu humano recreado se le iba a hacer habitar junto al Espíritu de Dios. **"…Y pondré dentro de vosotros mi Espíritu…"** Esto concuerda con los que nos revela la carta a los Corintios.

Pero el que se une al Señor, un espíritu es con él. 1 Corintios 6:17

Creer que aún tenemos una naturaleza caída viviendo dentro de nosotros junto al espíritu recreado, es pensar que el creyente tiene espiritualmente hablando; dos corazones, dos espíritus. Esta confusión viene por el simple hecho de no entender como estamos compuestos y como funcionamos.

El viejo hombre no desapareció, el viejo hombre fue crucificado

Ya hemos comprobado que la vieja naturaleza salió el día que entregamos nuestras vidas a Cristo. Vamos a tener que traer bastantes evidencias Bíblicas, para poder demostrar que como creyentes tenemos una sola naturaleza, y ésta, es la naturaleza divina de Dios. Les voy a probar por la misma Biblia, no es lo mismo el llamado que se hace hoy día a crucificar la vieja naturaleza, que creer que ésta ya fue crucificada. Mantenga en mente que por ahora sólo estamos hablando de su espíritu recreado en Cristo y no hemos tocado nada referente al alma ni el cuerpo.

¿Crucificar o crucificado?

Sabiendo esto, que nuestro viejo hombre "fue crucificado" juntamente con él, para que el cuerpo del pecado sea destruido, a fin de que no sirvamos más al pecado. Romanos 6:6 (Cursivas mías).

Si usted nota, el verbo se encuentra en tiempo pasado y no en tiempo futuro, ahí no dice que hay que crucificar al viejo hombre, ahí dice que el ya fue crucificado. No hay un llamado del apóstol Pablo a crucificar la vieja naturaleza, el apóstol Pablo lo da por un hecho consumado. Pero ese no es el único verso, vamos a la carta a los Gálatas.

Con Cristo estoy juntamente crucificado, y ya no vivo yo, mas vive Cristo en mí; y lo que ahora vivo en la carne, lo vivo en la fe del Hijo de Dios, el cual me amó y se entregó a sí mismo por mí. Gálatas 2:20

Nuevamente la misma historia, el creyente está crucificado con Cristo. Entienda bien, usted no se puede crucificar; a usted lo crucificaron el día que nació de nuevo; usted ya no existe más, usted está muerto, su viejo hombre murió y no se puede desclavar.

Es ridículo mandar a un creyente a la cruz (todo esto en un sentido técnico, ya veremos la diferencia entre nuestra posición y lo que es nuestra condición), pues usted pasó a ser de Dios debido al nuevo nacimiento que ocurrió cuando le sacaron el corazón de piedra y le pusieron uno nuevo.

Sigamos con más versos, estoy seguro que debe usted tener varias preguntas en su mente.

Pero los que son de Cristo han crucificado la carne con sus pasiones y deseos. Gálatas 2:20

Está claro, si usted es de Cristo, y si usted es de él, ya ha crucificado su carne con todas sus pasiones.

Si ya no tengo el viejo hombre reinando en mi vida: ¿Por que aún hago lo malo que no quiero?

Tenía muchas ganas de llegar a esta pregunta, estaba contando los segundos para que desarrollemos esta idea. Ahora es que vamos a entrar al alma. El alma es donde radican todas sus emociones, su voluntad, sus deseos, y la interpretación de sus cinco sentidos. Hay quienes piensan que el alma y el espíritu son lo mismo, pero esto queda descartado completamente por la misma Biblia. Quizás usted sea muy nuevo en la cosas del Señor y no entienda este punto, para ello sería bueno que consultara a su pastor, pudiera ser también que usted sea de aquellos que no crea que los dones del Espíritu Santo están vigentes para este tiempo; si usted es del segundo grupo, estoy seguro que concordará que ya sea que estos dones hayan cesado y estén vigente (esta última es mi posición) que al leer cuidadosamente los siguientes versos, vamos a llegar a la misma conclusión: El espíritu y el alma no son lo mismo, no sólo eso, el espíritu es más que una fuerza o una energía que le da vida al cuerpo, el espíritu del hombre recreado en Cristo tiene características propias y únicas.

Porque si yo oro en lengua desconocida, mi espíritu ora, pero mi entendimiento queda sin fruto. ¿Qué, pues? Oraré con el espíritu, pero oraré también con el entendimiento; cantaré con el espíritu, pero cantaré también con el entendimiento. Porque si bendices sólo con el espíritu, el que ocupa lugar de simple oyente, ¿cómo dirá el Amén a tu acción de gracias? pues no sabe lo que has dicho.Porque tú, a la verdad, bien das gracias; pero el otro no es edificado. 1 Corintios 14:14-17

Ahí está diciendo claramente que el espíritu tiene un lenguaje especial que la mente no descifra, si ambas cosas fueran lo mismo, entonces esta aclaración estaría demás. El espíritu recreado no sólo ora, también canta, bendice, da gracias, y se auto edifica con estas cosas. Todo esto, además de separar el alma del espíritu humano, también nos enseña que el espíritu nuevo es más que simplemente la batería del cuerpo humano, su espíritu es usted mismo, su espíritu es su nueva identidad en Cristo.

¿Que es el hablar en lenguas?

Aún no he olvidado que no hemos respondido la pregunta: Si ya no tengo el viejo hombre reinando en mi vida ¿por que aún hago lo malo que no quiero? Pero me es necesario detenerme un momento en el camino, para explicar un poco sobre lo que es hablar en lenguas en el espíritu, y el don de lenguas. El hablar en lenguas es la señal de haber recibido el bautismo en el Espíritu Santo. Todos los creyentes nacidos de nuevo tienen el Espíritu Santo, todos absolutamente todos. Él es la señal de que hemos sido sellados, el sello es puesto en el momento de nacer de nuevo.

En él también vosotros, habiendo oído la palabra de verdad, el evangelio de vuestra salvación, y habiendo creído en él, fuisteis sellados con el Espíritu Santo de la promesa. Efesios 1:13

Es incorrecto decir que los creyentes nacidos de nuevo necesitan recibir al Espíritu Santo, si son hijos, es por que nacieron del Espíritu. Si usted cree que no tiene el Espíritu Santo, entonces debe entregar su vida a Cristo inmediatamente.

Sin embargo no es lo mismo estar sellado, que estar lleno de Él.

Y habiéndoles impuesto Pablo las manos, vino sobre ellos el Espíritu Santo; y hablaban en lenguas, y profetizaban. Hechos 19:6

Vimos ya que el hablar las lenguas es un idioma que sólo nuestro espíritu conoce, es un idioma especial en donde todos somos edificados. Pero ¿pueden todos los creyentes hablar en lenguas?

Se lo voy a responder con otras preguntas: ¿Pueden todos los creyentes evangelizar? ¡Por supuesto que si!, ¿Son todos los creyentes evangelistas? ¡No! ¿Pueden todos los creyentes orar por los enfermos? ¡Amén! ¿Quiere decir que todos los creyentes tienen el don de sanidad? Nuevamente ¡No! ¿Pueden todos los creyentes enseñar? ¡Seguro que si! ¿Quiere decir que todos los creyentes tienen don de maestro? ¡No! Creo que ya sabe por donde voy, ¿Pueden todos los creyentes hablar en otras lenguas después de haber recibido la llenura del Espíritu Santo? ¡Si, todos pueden! ¿Significa esto que todos los creyentes tienen el don de de lenguas que puede ser interpretadas? La respuesta es un rotundo ¡no! Una cosa es hablar en lenguas para edificación personal, y otra tener el don de lenguas para edificación de la iglesia.

No quisiera, que por discrepar en este último punto, usted se perdiera la bendición de poder recibir la respuesta que tanto busca en relación a la lucha que usted tiene con el pecado y sus deseos. Lo más importante que quiero destacar, es que usted pueda comprobar a diferencia que hay entre su espíritu y su alma, entre su hombre interior y su mente.

Oración para recibir la llenura del Espíritu Santo

Recibir la llenura es más simple de lo que usted puede imaginar, ser bautizados en el Espíritu es un acto de fe. Lo he comprobado ciento de veces. Recuerdo que en mis primeros pasos en el Señor estaba tan sediento de ser llenado del Espíritu Santo, una noche, estuve literalmente despierto, pidiendo poder tener esta preciosa experiencia hasta llegar al estado de agotamiento total, estaba cansado de rogar y rogar, pues eso era lo que me habían enseñado; me habían enseñado que prácticamente había de tratar de convencer a Dios a que tuviera un poquito de misericordia. Creo que eran como las 4 de la mañana cuando ya me había cansado de pedir y llorar, cuando de pronto, sin tener nada que yo pudiera dar a Dios a cambio de este preciso regalo, comencé sólo a adorar y en medio de la adoración fuí lleno del Espíritu de Dios y comencé a hablar en otras lenguas. Ahora, en muchas ocasiones que he orado por otros creyentes les he animado simplemente a creer y recibir por fe, no he caído en gritos ni alaridos, ni nada parecido a eso, algunos de ellos han comenzado a orar en otras lenguas sin siquiera yo tocarlos, pero también me he encontrado casos donde no ha ocurrido una manifestación instantánea, es decir se han ido a casa sin la evidencia de hablar en otras lenguas. En una ocasión oré por un grupo de personas, dos hermanas que estaban allí nunca habían oído de tal cosa como el de hablar en otras lenguas, yo simplemente oré y ellas creyeron sin ver ninguna evidencia, al día siguiente una de ellas me llamó y me dijo que su padre la había recogido después del servicio y que ella iba orando en voz muy bajita en el automóvil, mirando por la ventana hacia la calle, cuando de pronto ella notó que ya no estaba orando en español, ella en ese instante estaba siendo llena del Espíritu Santo. El otro caso es de otra hermana que estaba en la misma reunión, ella sabía menos que la anterior de estas cosas, si embargo al llegar la noche se acostó a dormir, y antes de dormir dio gracias a Dios por el día que había tenido, cuándo de repente su oración cambió y comenzó a hablar en otras lenguas, o en este idioma del Espíritu.

25

¿Sabía usted que ahora mismo usted puede experimentar esta misma experiencia maravillosa?

Le voy a invitar a hacer la siguiente oración, recuerde que este es un acto de fe. En unos capítulos más adelantes vamos a explicar como opera la fe, por ahora le voy a guiar a hacer una oración simple y sencilla, por favor repita esta oración con voz audible.

Oración:

Padre te doy gracias por tu amor, gracias por amarme sin condiciones, ahora como tu hijo (a) en un acto de fe te adoro y alabo por la obra que hiciste en la cruz del Calvario. En este instante, te pido que me llenes de tu Espíritu Santo, ahora mientras oro tu me llenas y recibo por fe la manifestación de hablar en otras lenguas de acuerdo el Espíritu me de. En el nombre de Jesús, amen.

La batalla del alma

Vamos a trabajar juntos la pregunta: Si ya no tengo el viejo hombre reinando en mi vida ¿por que aún hago lo malo que no quiero?

Vamos a la Biblia

Porque lo que hago, no lo entiendo; pues no hago lo que quiero, sino lo que aborrezco, eso hago. Y si lo que no quiero, esto hago, apruebo que la ley es buena. De manera que ya no soy yo quien hace aquello, sino el pecado que mora en mí. Y yo sé que en mí, esto es, en mi carne, no mora el bien; porque el querer el bien está en mí, pero no el hacerlo. Porque no hago el bien que quiero, sino el mal que no quiero, eso hago. Y si hago lo que no quiero, ya no lo hago yo, sino el pecado que mora en mí. Así que, queriendo yo hacer el bien, hallo esta ley: que el mal está en mí. Porque según el hombre interior, me deleito en la ley de Dios; pero veo otra ley en mis miembros, que se rebela contra la ley de

mi mente, y que me lleva cautivo a la ley del pecado que está en mis miembros. **Romanos 7:15-23**

Creo que usted ya habrá observado el verso diecisiete "**De manera que ya no soy yo quien hace aquello, sino el pecado que mora en mí**" (Romanos 5:17). Me imagino su cara de confusión, me ha venido leyendo, y ha visto que le he venido mostrando que no hay una naturaleza caída si usted esta en Cristo, y ahora resulta que nos encontramos con este balde de agua fría "**no soy yo quien hace aquello, sino el pecado que mora en mí**". Note como sigue el apóstol Pablo las siguientes palabras:

"**Y yo sé que en mí, esto es, en mi carne, no mora el bien;...**" **Romanos 5:18**

Ya se fijó que Pablo usa la expresión: "**en mi carne...**" (**Romanos 5:18**) Pablo no dice: "Yo sé que en mi espíritu no mora el bien". ¿Por que Pablo no dice así? La respuesta es simple, Pablo sabe que la gran promesa era que Dios nos iba a dar un espíritu nuevo. (Ezequiel 11:19-20). Esa es la razón por la cual nos podemos deleitar en nuestro hombre interior, pues ahí, en nuestro espíritu, no hay problema alguno. Romanos 7:22

Explicando lo que la Biblia llama: "Carne"

Hay una especial asociación entre la carne y su mente, veamos algunos versos.

Y él os dio vida a vosotros, cuando estabais muertos en vuestros delitos y pecados, en los cuales anduvisteis en otro tiempo, siguiendo la corriente de este mundo, conforme al príncipe de la potestad del aire, el espíritu que ahora opera en los hijos de desobediencia, entre los cuales también todos nosotros vivimos en otro tiempo en los deseos de nuestra carne, haciendo

la voluntad de la carne y de los pensamientos, y éramos por naturaleza hijos de ira, lo mismo que los demás. Efesios 2:1-3

¿Se da cuenta la asociación que hay entre los deseos de la carne y el mundo de los pensamientos? ¡La carne es sólo un instrumento de lo que usted piense y desee!

Ni tampoco presentéis vuestros miembros al pecado como instrumentos de iniquidad. Romanos 6:13.

Muchos culpan al diablo por las cosas malas que hacen, pero déjeme decir que el diablo sólo usa lo que usted le entregue. Es usted el que presenta su cuerpo como un instrumento.

Es como si usted le diera a un hombre malo una pistola, y se la diera cargada de municiones, ¿Qué cree usted que va a hacer este bandido? Por su puesto que él va a usar lo que usted le acaba de entregar.

Note conmigo, que cada vez que Pablo habla de la carne, termina llevándonos al campo de la mente o del alma.

En cuanto a la pasada manera de vivir, despojaos del viejo hombre, que está viciado conforme a los deseos engañosos, "y renovaos en el espíritu de vuestra mente". Efesios 4:22-23

¿Naturaleza caída o mente caída?

Aquí es donde estamos llegando un punto crucial: No es lo mismo tener como creyente una naturaleza caída, que como creyentes tener una mente caída. No olvide que el cambio sólo ocurrió dentro de usted, el cambio ocurrió en su espíritu. El gran problema que ahora usted y yo tenemos, es el de estar lidiando con el residuo por así decirlo del viejo hombre; este residuo del hombre carnal se encuentra es nuestra almas o mentes no renovadas y en una carne acostumbrada a malos hábitos.

Mire el énfasis que es puesto sobre renovar nuestras mentes en la palabra de Dios.

Así que, hermanos, os ruego por las misericordias de Dios, que presentéis vuestros cuerpos en sacrificio vivo, santo, agradable a Dios, que es vuestro culto racional. No os conforméis a este siglo, sino transformaos por medio de la renovación de vuestro entendimiento, para que comprobéis cuál sea la buena voluntad de Dios, agradable y perfecta. Romanos 12:1-2.

La palabra transformar, viene del vocablo griego *metamorfoos,* esta palabra significa también transfigurar. Quizás, uno de los mejores ejemplos es el de la mariposa. Es muy sabido por todos, como un simple gusano es transformado, o transfigurado en una bella mariposa. La renovación de la mente produce una transfiguración en la vida del creyente, el creyente va tomando otra figura, el creyente, al ir renovando su forma de pensar, va a ir eliminando todos esos residuos del viejo hombre, y le va a ir dando una nueva forma a su vida. Esta vida es, la imagen de Cristo en él, Jesús es nuestra vida.

Por tanto, nosotros todos, mirando a cara descubierta como en un espejo la gloria del Señor, somos transformados de gloria en gloria en la misma imagen, como por el Espíritu del Señor. 2 Corintios 3:18

¿Pensamiento positivo o fuerza de voluntad?

¡Ni lo uno, ni lo otro! El pensamiento positivo no es malo, pero no es eficaz, el pensamiento positivo sólo está basando en el buen deseo del hombre de querer ver la cosas de una mejor manera, por otra parte, la fuerza de voluntad nunca será suficiente, la fuerza de voluntad tiene su habitación en el alma del hombre, y como ya hemos visto, el alma está en un proceso de cambio. Muchos son los que se confunden con esto, y de paso confunden a otros, lo que el hombre necesita, no es una terapia, todo lo que el hombre necesita es un nuevo corazón, este nuevo corazón es el nuevo nacimiento. Como producto de este nuevo nacimiento, el Espíritu Santo va a comenzar una obra regenerativa, es decir, Él va a ir generando el poder de cambio en la vida del hijo de Dios, a medida que este use las herramientas correctas. La transformación no viene del hombre, la transformación la produce sólo el Espíritu de Dios

...somos transformados de gloria en gloria en la misma imagen, como por el Espíritu del Señor. 2 Corintios 3:18

La única herramienta que le podemos entregar al Espíritu Santo es la palabra de Dios.

Los 3 tiempos de la salvación

La primera salvación ocurrió el día que usted nació de nuevo, ese día le dieron vida a su espíritu, su espíritu ya está salvo. En esta salvación usted no tiene nada que ver, ni nada que hacer. En este primer proceso, usted recibió vida eterna.

"Nos salvó", no por obras de justicia que nosotros hubiéramos hecho, sino por su misericordia, por el lavamiento de la regeneración y por la renovación en el Espíritu Santo. Tito 3:5 (Cursivas misas)

El segundo tiempo, por así decirlo, tiene la característica que está en proceso, esto se encuentra en tiempo presente, es decir, está ocurriendo en su vida ahora. Esta segunda etapa también tiene la otra característica que lo involucra a usted. Usted es el actor principal de esta película.

Por lo cual, desechando toda inmundicia y abundancia de malicia, recibid con mansedumbre la palabra implantada, la cual puede salvar vuestras almas. Santiago 1:21

Hay varias cosas que destacar aquí, primero el único elemento que el creyente está llamado a usar, es la palabra de Dios. Segundo, ahí no dice que la palabra de Dios le ayuda a salvar el espíritu, no es su espíritu el que está en juego, el asunto en que estamos involucrados, es en salvar nuestras almas de dar rienda suelta al pecado en nosotros. En la primera salvación, a usted lo salvaron para poder participar de la vida eterna, en la segunda salvación usted tiene la oportunidad de renovar su mente y así poder participar de la vida abundante que hay en Jesucristo ahora.

Por último, la tercera etapa de nuestra salvación, está en tiempo futuro. En esta salvación futura, está la gran promesa, de ser transformados corporalmente a la imagen de nuestro Señor Jesús. Esta, es una salvación física.

En cambio, nosotros somos ciudadanos del cielo, donde vive el Señor Jesucristo; y esperamos con mucho anhelo que él regrese como nuestro Salvador. Él tomará nuestro débil cuerpo mortal y lo transformará en un cuerpo glorioso, igual al de él. Lo hará valiéndose del mismo poder con el que pondrá todas las cosas bajo su dominio. Filipenses 3:20-21 NTV

La mente: ¡Nuestro campo de batalla!

Se ha puesto un sobre énfasis tan grande en la llamada guerra espiritual, que los creyentes están perdiendo la verdadera batalla en la cual están involucrados. No es lo mismo pelear con "espíritus voladores", que comprender que todas esas fortalezas no son más que formas de pensar levantadas en nuestra mente. Recuerde, el diablo sólo va a usar lo que usted le entregue.

Busquemos en la Biblia, dejemos que ella nos hable.

Amados, yo os ruego como a extranjeros y peregrinos, que os abstengáis de los deseos carnales que batallan contra el alma. 1 Pedro 2:11

¿Se da cuenta, que la batalla contra los deseos carnales se encuentra en el alma o mente?

Miremos otro verso muy conocido.

Pues aunque andamos en la carne, no militamos según la carne; porque las armas de nuestra milicia no son carnales, sino poderosas en Dios para la destrucción de fortalezas, derribando argumentos y toda altivez que se levanta contra el conocimiento de Dios, y llevando cautivo todo pensamiento a la obediencia a Cristo. 2 Corintios 10:3-5

Otra versión dice: "capturamos los pensamientos rebeldes".

Así que, todo está en el alma, ese es el campo de batalla, es allí donde se efectúa la guerra sin cuartel en contra de un mente caída que necesita ser renovada.

Tratando más a fondo con lo que la Biblia llama: "carne"

No quisiera dejar la impresión que la lucha que tiene el creyente es sólo con la fuerza de la mente, en realidad hay siete leyes que operan como una fuerza:

1. La ley de Moisés
2. La ley de Dios
3. La ley de mis miembros
4. La ley de mi mente
5. La ley de pecado
6. La ley del Espiritu
7. La ley de la fe

1. La ley de Moisés no sólo contenía diez mandamientos, también era una agrupación de seiscientos trece ordenanzas, las cuales iban desde los mandamientos más simples, hasta cosas tan complejas como las instrucciones de los sacrificios y ofrendas. La ley de Moisés tenía un sólo objetivo, y este era señalar y mostrar la incapacidad del hombre de poder salvarse por si mismo sin la ayuda de un Salvador. La ley nos mostraba cuán perdidos estábamos. Ella vino para alumbrar las tinieblas de nuestros corazones, era buena, santa y pura pero incapaz de producir lo que ella misma demandaba a causa de la debilidad de la naturaleza del hombre.

Ya que por las obras de la ley ningún ser humano será justificado delante de él; porque por medio de la ley es el conocimiento del pecado. Romanos 3:20

Pero sabemos que la ley es buena, si uno la usa legítimamente; conociendo esto, que la ley no fue dada para el justo, sino para los transgresores y desobedientes, para los impíos y pecadores, para los irreverentes y profanos, para los parricidas y matricidas, para los homicidas, para los fornicarios, para los sodomitas, para los secuestradores, para los mentirosos y perjuros, y para cuanto se oponga a la sana doctrina. 1 Timoteo 1:8-10

Aquí vemos el uso legítimo de la ley, la ley legítimamente señala al pecador, es la ley la que califica por así decir no sólo el pecado, sino también el tipo de pecado. Su uso legítimo es señalar, pero también podríamos decir que hay quienes les están dando a la ley un uso ilegítimo, ¿Sabe cual es ese uso ilegítimo? Es pretender que esa misma ley puede transformar el corazón de la persona. Es curioso ver hoy a la iglesia usando una ley que sólo puede indicar el error del ser humano, pero que es incapaz de transformar el corazón del hombre. El problema nunca es la ley, el problema está en el corazón del hombre.

2. La ley de Dios. Esta ley es espiritual, es santa, es perfecta. Esta ley fue puesta en el nuevo hombre recreado en Cristo Jesús el día de nuestro nuevo nacimiento. La gracia nos da lo que la ley demandaba, la ley demandaba escribir la palabra de Dios y sus mandamientos por todas partes; en la gracia de Dios se nos ha puesta esta ley y su palabra muy adentro de nuestros corazones. La ley de Dios contiene el carácter mismo de Dios, el no robar, ni mentir, ni adulterar son algunas de las cosas que caracterizan el corazón mismo de Dios. La ley de Dios a diferencia de la ley de Moisés ya no contiene rituales ni ceremonias, pues todas estas cosas eran figura del sacrificio de Cristo. Nosotros en el nuevo nacimiento no recibimos un ritual, nosotros al nacer de nuevo recibimos a la persona de Jesús. Con Cristo en nuestro corazón, él siendo la palabra viva y eterna trajo a nuestro espíritu la ley del carácter mismo de Dios. El apóstol Pablo nos da un ejemplo de esto al exhortarnos a honrar a nuestros padres, el principio de la honra es parte del carácter de Dios.

Hijos, obedeced en el Señor a vuestros padres, porque esto es justo. Honra a tu padre y a tu madre, que es el primer mandamiento con promesa; para que te vaya bien, y seas de larga vida sobre la tierra. Efesios 6:1-3

Que buenos es saber que la ley de Dios ha sido puesta en lo más profundo de nuestros ser, y ahora ella puede aflorar desde adentro hacia fuera debido que el amor de Dios ha sido derramado en nuestros corazones; y ese amor ágape nos capacita para manifestar el principio de la honra sin sentir la presión del mandamiento. Alguien le ha llamado a esto: "Cambio sin esfuerzo".

3. La ley de nuestros miembros. Esta es nuestra carne que quedó habituada a costumbres y deseos. La carne en sí misma tiene hábitos del viejo hombre, por ejemplo, muchas personas experimentan total liberación de malos hábitos tales como la droga y el alcohol, hay quien sin embargo aún después de haber nacido de nuevo sigue manteniendo una lucha con hábitos que quedaron registrados en su

carne. Esto también puede ser aplicado a la homosexualidad, a la lujuria, y a otros hábitos adquiridos.

Hemos sido librados del dominio de la carne, pero no hemos sido librados de la carne en sí.

Suenan muy parecidos, pero no son lo mismo. No es lo mismo ser librados del dominio de la carne, que ser librados de ella. La carne todavía está presente, la carne todavía por causa de estar habituada a la vieja manera de vivir presenta resistencia.

Sino que cada uno es tentado, cuando de su propia concupiscencia es atraído y seducido. Santiago 1:14

Digo, pues: Andad en el Espíritu, y no satisfagáis los deseos de la carne. Porque el deseo de la carne es contra el Espíritu, y el del Espíritu es contra la carne; y éstos se oponen entre sí, para que no hagáis lo que quisiereis. Gálatas 5:16-17

La tercera ley nos enseña que la carne tiene deseos y éstos están en guerra contra la otra ley, ésta es la ley de nuestra mente. Observemos nuevamente este pasaje de la palabra de Dios. Le voy a dar un ejemplo, usted a veces siente deseos de comer, ¿verdad? Su estómago le dice que tiene deseos y necesidad de ingerir alimentos, su alma o mente los interpreta, pero su cuerpo manda una señal primero, su cuerpo dice: "Tengo hambre". Nuestra carne tiene apetitos no sólo de cosas buenas, nuestra carne tiene deseos de cosas malas también. Aunque la naturaleza vieja fue erradicada de nuestros corazones, la carne tiene memoria y vida. Esa memoria es un traje que la Biblia le llama "manera de vivir".

En cuanto a la pasada manera de vivir, despojaos del viejo hombre, que está viciado conforme a los deseos engañosos, y renovaos en el espíritu de vuestra mente. Efesios 4:22-23

Los residuos del viejo hombre quedaron confiscados a una manera de vivir, ellos quedaron atrapados en un estilo de vida y hábitos. La Biblia nos exhorta a desvestirnos del traje mal oliente para que a través de la renovación de nuestra mente el nuevo hombre creado en Cristo pueda aflorar.

4. La ley de mi mente.

Porque según el hombre interior, me deleito en la ley de Dios; pero veo otra ley en mis miembros, que se rebela contra la ley de mi mente, y que me lleva cautivo a la ley del pecado que está en mis miembros. Romanos 7:22-23

Aquí vemos en realidad tres leyes operando simultáneamente. El hombre interior es nuestros espiritu recreado en Cristo Jesús, en él nos deleitamos en la ley de Dios, en nuestro espíritu tenemos gran gozo, la ley y los mandamientos no son ningún problema para nuestro corazón, sin embargo, hay dos fuerzas más operando y dando guerra, la ley de nuestros miembros habituada a la memoria del viejo hombre y la ley de nuestra mente que es la cuarta ley que sigue operando en un alma caída llena de traumas, malos pensamientos y deseos. No voy a dedicar más tiempo en tratar sobre el tema de la mente, pues este mismo capítulo contiene una gran explicación sobre lo que es la batalla de alma y la renovación de al mente.

La gran derrota de la fuerza de la voluntad

5. La ley de pecado

Que el pecado haya sido derrotado no quiere decir que el pecado haya dejado de existir, lo que ha sido vencido es el dominio que el tenía sobre nosotros, pero el pecado si se trata de vencer con estrategias humanas tales como la sicología, la fuerza de voluntad y el pensamiento positivo tarde o temprano nos va a derrotar. Esta derrota se deberá a la quinta ley a quien la Biblia llama "La ley de pecado", esta ley es real y si no la tratamos con la prescripción que nos da el Nuevo Pacto nos puede destruir, pero gracias a Dios no es necesario vivir en derrota, hay victoria en la cruz aleluya.

Es aquí donde aparece la ley número seis, es esta ley la única que nos capacita para poder vencer todo el tiempo los deseos engañosos de nuestra carne. Esta es la ley del Espíritu de vida en Cristo.

Porque la ley del Espíritu de vida en Cristo Jesús me ha librado de la ley del pecado y de la muerte. Romanos 8:2

¿Se da cuenta que es sólo con la persona del Espíritu Santo con que todas estas leyes en operación son vencidas?

¿Cómo trabaja el Espíritu Santo?

6. La ley del Espíritu. El Espíritu Santo trabaja en nuestro espíritu haciendo realidad la obra de la cruz. Nuestra parte consiste en dos cosas fundamentales, número uno: Renovar nuestra mente con la palabra de Dios acerca de la verdades del Nuevo Pacto y la obra consumada en la cruz y número dos: Creer como un acto de fe que el viejo hombre y el pecado ya no tiene dominio sobre nosotros por cuanto Cristo lo rompió su dominio hace dos mil años.

Una vez más, no es lo que usted hace lo que le dará victoria sobre el viejo hombre, sino que usted crea que en esa cruz cuando Cristo murió usted también murió a sus pasiones y deseos.

Con Cristo estoy juntamente crucificado, y ya no vivo yo, mas vive Cristo en mí; y lo que ahora vivo en la carne, lo vivo en la fe del Hijo de Dios, el cual me amó y se entregó a sí mismo por mí. Gálatas 2:20

Usted no tiene que morir, usted debe creer que usted ya está muerto. Comience todos los días con estas palabras en su boca, diga con toda seguridad: "Yo estoy muerto al pecado", la Biblia dice "que el dominio que tenía el viejo hombre fue destruido" (Romanos 6:6) Cristo me libró de mi mismo, el Espíritu Santo esta haciendo realidad la obra del Calvario en mi vida. Yo soy libre no por lo que yo hago, yo soy libre por la sangre del cordero. Ponga su fe en el lugar correcto, la obra del la cruz es el único lugar que el Espiritu Santo honra.

Creo yo que ha llegado el tiempo de mirar en una forma mas seria su vida espiritual, ya es tiempo de cuidar todo su ser. Cuidar de su vida espiritual implica no sólo cuidar la forma de pensar, cuidar la vida espiritual significa también cuidar la forma de hablar. Déle valor a lo que dice, hable correctamente, aprenda a hacer una correcta confesión de su fe. Cuando hago mención al confesar no me estoy refiriendo a la manera supersticiosa que algunos tienen de usar sus palabras como una "varita mágica". Una correcta confesión está basada única y exclusivamente en la palabra de Dios, su espíritu recreado es lo único que reconoce, el Espíritu Santo es lo único que valora. Jesús dijo que no sólo de pan viviría el hombre, sino de toda palabra que sale de la boca de Dios. No sea irresponsable con usted mismo, déle vida a su mente, deje que el Espiritu Santo vivifique su cuerpo mortal, deje que la palabra de Dios cale hasta lo más profundo de su corazón y experimente el poder transformador de la cruz de nuestro Señor.

El respondió y dijo: Escrito está: No sólo de pan vivirá el hombre, sino de toda palabra que sale de la boca de Dios. Mateo 4:4

Que las palabras de mi boca
    y la meditación de mi corazón
sean de tu agrado,
    oh SEÑOR, mi roca y mi redentor. Salmo 19:14

¿Qué ley necesita el Espíritu Santo para poder operar?

7. La ley de la fe.

La Biblia dice:

¿Dónde, pues, está la jactancia? Queda excluida. ¿Por cuál ley? ¿Por la de las obras? No, sino por la ley de la fe. Romanos 3:27

Hay una ley de fe la cual nos capacita para que lo natural se ponga en contacto con lo sobrenatural. La fe tiene la característica de traer al presente lo que la Biblia dice que ocurrió en el pasado. Por ejemplo Cristo pagó por el pecado de todos, Jesús pagó para obtener salvación, eso ocurrió hace dos mil años. Cuando usted hace profesión de fe, lo que usted esta haciendo es traer al presente lo que Jesús hizo en el pasado. Esto también se aplica para la sanidad, para la provisión y también para tener victoria sobre el viejo hombre. En realidad usted en este pacto necesita fe para todo.

Porque en el evangelio la justicia de Dios se revela por fe y para fe, como está escrito: Mas el justo por la fe vivirá. Romanos 1:17

Es por fe que recibimos la vida de Dios, es por fe que recibimos sanidad, es por fe que recibimos liberación, es por fe que usted cree que esta muerto al pecado. Le voy a dar otro ejemplo, supongamos que usted se lanza de un quinto piso, no importa cuanto usted confiese que nada le va a pasar, usted sabe que hay una ley llamada "la ley de la gravedad" que no puede ser quebrada. Si usted se tira de un edificio usted no va a volar, si usted se lanza al vació usted va a ir a parar directo al piso de concreto. Ahora supongamos que a usted lo metemos en uno de esos cohetes que viajan al espacio, en el espacio no existe la ley de la gravedad, así que si usted arroja una taza con café al vació dentro de la cabina del cohete o nave, el café en vez de caer flotará. Así es como opera la ley de la fe, la fe tiene el poder de sacarlo a usted de una ley y ponerlo en otra ley, la fe lo saca de la ley de sus miembros y de su mente y lo lleva a la ley del Espíritu donde las cosas operan de una manera diferente.

Porque por fe andamos, no por vista. 2 Corintios 5:7

Resumiendo un poco este capítulo

Lo más importante que me gustaría destacar, es que la vieja naturaleza o viejo corazón fue cambiado en usted. Ese viejo corazón de piedra era el motor que impulsaba todo deseo incontrolable de ser dominado por el pecado, sin embargo a usted le dejaron una carne habituada y acostumbrada a ser indisciplinada. Esta carne también tiene deseos, pero estos deseos ahora son dominados por la forma que usted tenga de pensar. Mientras su espíritu se recrea en la ley de Dios puesta en él, fuera de él hay una gran batalla, una batalla entre una carne y una mente que se oponen a la obra del Espíritu en su hombre interior, es aquí donde aparece el factor fe. Es la ley de la fe la que le va a dar victoria total sobre los deseos engañosos, no es la ley del "ayuno", ni la ley de "prometer que nunca más lo va a hacer", ni la ley de la "unción con aceite". La fe tiene oídos, la fe escucha la palabra de Dios, la fe también tiene ojos, y con esos ojos mira la obra sustitutiva de Jesús en la cruz del Calvario consumada completamente.

Cuando ustedes llegaron a Cristo, fueron «circuncidados», pero no mediante un procedimiento corporal. Cristo llevó a cabo una circuncisión espiritual, es decir, les quitó la naturaleza pecaminosa. Colosenses 2:11 NTV

CAPÍTULO 3

¿Demonios o deseos de la carne?

Digo, pues: Andad en el Espíritu, y no satisfagáis los deseos de la carne. **Porque el deseo de la carne es contra el Espíritu, y el del Espíritu es contra la carne; y éstos se "oponen" entre sí, para que no hagáis lo que quisiereis. Gálatas 5:16-17** (Cursivas mías)

Muchos creyentes, ponen tanto énfasis en el diablo, que han perdido el foco del blanco principal. No sólo le dan un exagerado crédito al diablo, el diablo también recibe propaganda gratis por todo el mundo. Lo más sorprendente de todo esto, es que el diablo se está haciendo cada día más famoso, y su fama tristemente esta siendo promovida por la iglesia de Jesucristo.

El gran opositor

Vuelva a leer el texto conmigo, note que dice que entre la carne y el Espíritu hay oposición... **y éstos se "oponen" entre sí...** Gálatas **5:17.** La gran mayoría de las versiones de la Biblia, traducen la palabra; Espíritu, con mayúscula, dejándonos la impresión que se trata del Espíritu Santo, este fenómeno también sucede más adelante en el mismo capítulo cinco de Gálatas, cuando se nos habla del fruto del Espíritu. Lo que sucede, es que el griego en que fue escrito el Nuevo Testamento es el griego koiné, el cual tenía la característica de no hacer distinción entre las letras mayúsculas y la letras minúsculas; de esta forma, los traductores de la Biblia, han usado su criterio para definir si la palabra en cuestión se debería traducir con mayúscula refiriéndose al Espíritu Santo, o en minúscula refiriéndose al espíritu del hombre. Su usamos un poquito de sentido común, nos daremos cuenta fácilmente que esta expresión, no puede referirse al Espíritu Santo, pues Él no esta formándose para producir frutos, Él Espíritu Santo es Dios, y Dios no está en desarrollo. Del mismo modo, El Espíritu del Señor no está es batalla con mi carne, la oposición no viene de Él, la oposición está entre la mente caída, una carne con deseos, y el espíritu recreado en Cristo Jesús, que quiere con la ayuda del Espíritu Santo plasmar en nuestras vidas, lo que Dios ya depositó en este hombre interior o nuevo corazón.

¡Es su mente carnal la que se opone a su espiritu recreado en Cristo! Ni el Espiritu Santo es su opositor, ni el diablo esta metido en la batalla de su carne, el enemigo solo sacará provecho de lo que él pueda recibir de usted.

Su mayor problema no es el diablo, su mayor problema es su mente caída. Si hay algo que me gustaría que usted recordara de este libro, es la idea que el diablo sólo puede usar lo que usted le ponga en sus manos.

Ni tampoco presentéis vuestros miembros al pecado como instrumentos de iniquidad. Romanos 6:13

¿Se da cuenta? Es usted el que presenta su cuerpo como un arma, nadie lo está obligando, usted lo hace de buenas ganas, usando todo su consentimiento.

A continuación le voy a contar una historia, algo que me pasó hace un tiempo. Recuerdo haber tratado de ayudar aun querido hermano, él estaba pasando unos momentos bien difíciles con su familia, su hijo se encontraba batallando con una terrible enfermedad. Me acerqué a él, traté de mantener el mayor contacto posible. Comenzamos a dialogar, y noté que además de esa situación que estaba viviendo, él tenia también problemas en su matrimonio, él me contó que le había sido infiel a su esposa y que se había envuelto en cosas de carácter inmoral, también él me contó que su esposa ya sabía lo que a él le había sucedido, y que la relación entre ambos no era nada de buena, su intimidad había sufrido una gran perdida, este amado hermano, es una persona que conoce al Señor, él es un hombre nacido de nuevo, comencé a ministrarle, le propuse discipularlo, le comencé a dejar mensajes telefónicos, le propuse todo tipo de ayuda, siempre animándole, hablando de su nueva identidad en Cristo, finalmente él se desentendió de mí. Un día de noche salimos con mi esposa, estábamos en una tienda, de pronto, le reconocí, él estaba de espaldas a mí, tenía su vista perdida en algo, yo no podía identificar que era lo que él miraba, me acerqué y le abracé, ¿como estas fulano? le dije, me respondió bien, le volví a recordar que aún estaba esperando sus llamadas no devueltas, con voz quebrantada me dijo: Pastor, perdone, este es mi problema, (le prometo que yo no entendía en absoluto a lo que él se refería) él continuó; mi problema es que , yo suelo ir a las tiendas a mirar en forma no apropiada a las mujeres. Este hermano tenía un problema grande, su problema no era el diablo, su problema era, y quizás sea aún, una mente caída no renovada y una carne habituada a ser complacida.

¿Demonios o deseos de la carne?

La gran mayoría de los cristianos dirían que este hermano tenía un espíritu de lujuria, pero la Biblia misma nos enseña que la lujuria no es un demonio, la lujuria es una obra de la carne.

Y manifiestas son las obras de la carne, que son: adulterio, fornicación, inmundicia, lascivia, idolatría, hechicerías, enemistades, pleitos, celos, iras, contiendas, disensiones, herejías, envidias, homicidios, borracheras, orgías, y cosas semejantes a estas; acerca de las cuales os amonesto, como ya os lo he dicho antes, que los que practican tales cosas no heredarán el reino de Dios. Gálatas 5:19-21

Nuestro texto no dice que manifiestas son las obras del diablo, allí dice: **manifiestas son las obras de la carne.** Recuerde que si basura entra, basura sale. Todo lo que usted piensa tarde o temprano se le va a manifestar. Esa es la razón por la cual Jesús dijo, que no había nada oculto que se fuera a manifestar en determinado momento (Lucas 8:17).

La mente y su relación con la carne

¿Qué cree usted que le va a pasar a un hijo de Dios por más hijo de Dios que sea, si comienza a llenar su mente de pornografía? Ahora le hago misma pregunta de nuevo: ¿Qué cree usted que le va a pasar a un hijo de Dios si comienza a tomar la palabra del Señor, y la comienza a meditar? ¿Sabe cual va a ser el resultado? En ambos casos, la persona va a transformarse en lo que almacene en su alma.

Porque cual es su pensamiento (el del hombre) en su corazón, tal es él. Proverbios 23:7 (Cursivas mías)

Veamos lo que el Nuevo Pacto tiene que decir al respecto:

Porque los que son de la carne piensan en las cosas de la carne; pero los que son del Espíritu, en las cosas del Espíritu. Porque el ocuparse de la carne es muerte, pero el ocuparse del Espíritu es vida y paz. Por cuanto los designios de la carne son enemistad contra Dios; porque no se sujetan a la ley de Dios, ni tampoco

pueden; y los que viven según la carne no pueden agradar a Dios. Romanos 8:5-8

Estos versos, nuevamente nos muestran la conexión que hay entre la mente y la carne. La carne es como un barco que le damos dirección desde la cabina de comando que está situada en nuestra alma.

Entre los cuales también todos nosotros vivimos en otro tiempo en los deseos de nuestra carne, haciendo la voluntad de la carne y de los pensamientos, y éramos por naturaleza hijos de ira, lo mismo que los demás. Efesios 2:3

¿Puede un creyente nacido de nuevo estar endemoniado?

Un creyente puede estar oprimido por el diablo, un creyente puede estar luchando con argumentos en su mente que tengan su influencia en las fuerza del enemigo, un hijo de Dios puede estar influenciado por el enemigo, incluso más, un cristiano puede incluso tener un aguijón en la carne enviado por Satanás, pero un hijo nacido del Espíritu bajo este Nuevo Pacto, no puede estar poseído por ningún demonio. No hay un verso en la Biblia, después de la cruz, que nos diga que a creyentes se les hicieron liberación de demonios o cosas semejantes a éstas. Le desafío a encontrar un sólo pasaje, de seguro no lo va a encontrar, no a un hijo nacido del Espíritu.

Dios se aseguró de que nada de esto nos pasara, y lo que él hizo fue poner un gran sello dentro de nosotros. Él nos selló con su Espíritu Santo. Cuando usted sella algo, es porque no quiere que nada entre y que nada salga. Usted sella algo para evitar todo tipo de filtraciones, los fabricantes de automóviles sellan los motores no sólo para evitar que el aceite se salga, lo hace también para evitar que cualquier cosa entre y dañe los vehículos. Dios hizo algo mejor que esos fabricantes, él nos selló no con algo, Dios nos selló con la persona del Espíritu divino.

En él también vosotros, habiendo oído la palabra de verdad, el evangelio de vuestra salvación, y habiendo creído en él, fuisteis sellados con el Espíritu Santo de la promesa. Efesios 1:13

Cristianos carnales

En mis treinta años en la iglesia he escuchado las confesiones más inimaginables venidas de creyentes, he sido despertado a las tantas de la madrugada, sólo para escuchar llantos y frustración de personas que ya no han dado más con las debilidades de su carne. Pero no quiero que piense que sólo la lujuria, o las lascivia son consideradas obras de la carne, la ira también es una obra de carne, los pleitos, las envidias etc. Lo que identifica a un creyente maduro no son los dones, se puede ser un hombre carnal y estar lleno de dones, se puede orar por los enfermos, se puede hacer milagros, pero si no hay fruto no hay nada.

Observemos un ejemplo claro: Los hermanos de la iglesia de Corintios.

Veamos algunas características de ellos.

Siempre doy gracias a mi Dios por ustedes y por los dones inmerecidos que les dio ahora que pertenecen a Cristo Jesús. Por medio de él, Dios ha enriquecido la iglesia de ustedes en todo sentido, con toda la elocuencia y todo el conocimiento que tienen. Eso confirma que es verdad lo que les dije acerca de Cristo. Ahora tienen todos los dones espirituales que necesitan mientras esperan con anhelo el regreso de nuestro Señor Jesucristo. 1 Corintios 1:4-8 NTV

Los Corintios tenían no sólo dones, ellos también tenían elocuencia y conocimiento; sin embargo, eran unos carnales.

Amados hermanos, les ruego por la autoridad de nuestro Señor Jesucristo que vivan en armonía los unos con los otros. Que no haya "divisiones" en la iglesia. Por el contrario, sean todos de un mismo parecer, unidos en pensamiento y propósito. Pues algunos de la casa de Cloé me contaron de las "peleas" entre ustedes, mis amados hermanos. 1 Corintios 1:10 NTV (Cursivas mías)

De manera que yo, hermanos, no pude hablaros como a espirituales, sino como a carnales, como a niños en Cristo. 1 Corintios 3:1

Las obras de la carne no van a respetar a nadie, se van a manifestar en el hermano más nuevo de la congregación, o en el ministro más usado por Dios. Una cosa es lo que Dios haga por gracia en sus tesoros en vaso de barros, y otra muy distinta lo que usted haga con el residuo que está en su carne y su mente que necesita renovación. A esta hora del partido, creo yo que usted se habrá dado cuenta, que el problema que tiene nuestra amado hermano de quien hablamos en los comienzos de este capítulo, no es un problema de demonios, su problema simplemente es que él no conoce su nueva identidad en Cristo, él ha decidido seguir alimentando su mente con los pensamientos equivocados.

Porque el ocuparse de la carne es muerte, pero el ocuparse del Espíritu es vida y paz. Romanos 8:6

Obras de carne no solo tienen que ver con pecados de carácter inmoral.

Y manifiestas son las obras de la carne, que son: adulterio, fornicación, inmundicia, lascivia, idolatría, hechicerías, enemistades, pleitos, celos, iras, contiendas, disensiones, herejías, envidias, homicidios, borracheras, orgías, y cosas semejantes a estas; acerca de las cuales os amonesto, como ya os

lo he dicho antes, que los que practican tales cosas no heredarán el reino de Dios. Gálatas 5:19-21

Hay quienes piensan, que luchar contra las obras de la carne tiene solo que ver con lidiar con deseos impuros. Hay una gran lista de estas obras en la carta a los Gálatas.

Todas estas manifestaciones de nuestra carne, tienen su contrapartida en las virtudes del fruto del espíritu.

Mas el fruto del Espíritu es amor, gozo, paz, paciencia, benignidad, bondad, fe, mansedumbre, templanza; contra tales cosas no hay ley. Gálatas 5:22-23

Así como hay un gran número de creyentes, que están sufriendo estragos con los deseos impuros, del mismo modo también hay creyentes que no pueden controlar sus arrebatos de ira.

Un cristiano iracundo es un cristiano carnal, la ira es algo que diferencia a seres humanos de los animales. No se nace con paciencia, la paz y la paciencia son cosas que tenemos que aprender a desarrollar.

El gran transformer

¿Cómo reacciona la persona iracunda?

Una de las características es que la persona se trasforma. Yo he visto no sólo impíos transformarse, he visto a creyentes, transformarse de una manera espectacular, también he visto a ministros transformarse. Recuerdo haber conocido a un matrimonio en particular, ambos era de diferentes étnicas culturales. Él sufría de unos arrebatos de ira que se escapaban de su control, se enojaba por todo (debo decir que ambos conocían del Señor) Él había sido criado en la escuela dominical, y tenía parientes muy activos en la iglesia. Él era una persona muy inteligente, muy intelectual, era un hombre dado a la lectura, y con una gran habilidad manual, sin embargo, había algo que se detonaba en el interior de su mente. De pronto, él cambiaba y se ponía iracundo. En una ocasión de rabia se comió el certificado de matrimonio, abrió su boca, lo mascó y luego lo escupió. En otra oportunidad, él metió una cierta cantidad de billetes en la batidora y los destruyó. Fueron muchas las ocasiones que tomó su martillo e hizo pedazos su computadora, la lista suma y sigue. No todas las personas iracundas, reaccionan como el caso anteriormente mencionado. Hay quienes cuando están enojados no dicen ni una sola palabra. Yo por ejemplo, cuando yo me enojo, puedo manejar en el automóvil por muchas horas, sin decir ni una sola palabra, mi esposa es testigo y víctima de eso. Otros cuando están bajo ataque de ira se aíslan. Sé de personas que han abandona su matrimonio para irse a vivir solos por miedo a sus arrebatos y reacciones. Hay quienes, son violentos verbalmente con ellos mismos y con otros, y también hay quienes, pierden el control total y hacen locuras.

¿Qué es lo que hace detonar la ira en algunas personas?

Hay una gran lista, menciono algunas de estas. La gente se aíra debido a traumas, frustraciones, celos, uso de drogas, falta de balance químico. Otra razón es no conocer al Señor, y por último, haberlo conocido y ser un cristiano carnal.

Veamos algunos pasajes de la Biblia.

Un necio se enoja enseguida,
pero una persona sabia mantiene la calma cuando la insultan.

Proverbios 12:16

El de grande ira llevará la pena;
Y si usa de violencias, añadirá nuevos males. Proverbios 19:19

La Biblia dice:

Los que pierden los estribos con facilidad tendrán que sufrir las consecuencias. Proverbios 19:19

Lo que las personas iracunda no sabes o se niegan a reconocer, que tarde o temprano no va a ver quien los aguantes.

¿Como tratar con la persona iracunda?

Consejo numero uno: "Sepa cómo responder".

**La blanda respuesta quita la ira;
Mas la palabra áspera hace subir el furor. Proverbios 15:1 NTV**

Lo peor que usted puede hacer es argumentar con una persona airada. La persona iracunda no se da cuenta en el momento las graves consecuencias de su actuar. Deje que el huracán pierda su fuera, y entonces dialogue. Por experiencia usted sabrá que las cosas se ponen peor al tratar con alguien que esta cegado por la rabia.

Consejo numero dos: 'Déle valor a sus palabras". Todo comienza con palabras.

!!Cuán grande bosque enciende un pequeño fuego! Santiago 3:5

Practique el hablar correctamente, hable el vocabulario del Reino, cancele palabras ociosas de su boca. Hay quienes creen que las palabras sólo trabajan positivamente, pero las palabras tienen el mismo poder si se dicen en una forma negativa.

**Te has enlazado con las palabras de tu boca,
Y has quedado preso en los dichos de tus labios. Proverbios 6:2**

Las palabras no sólo nos meten en problemas, las palabras también tienen la habilidad de sacarnos de ellos. La lengua es el timón del alma, y usted puede darle dirección a su vida por medio de las palabras correctas.

Mirad también las naves; aunque tan grandes, y llevadas de impetuosos vientos, son gobernadas con un muy pequeño timón por donde el que las gobierna quiere. Así también la lengua... Proverbios 3:4-5 Cursivas mías.

¿Qué debe hacer el creyente para tratar con la ira?

Debe hacer lo mismo que debe hacer el creyente que está luchando con los vicios, las malas palabras, la lujuria, o incluso con la homosexualidad. Él debe entender que, la fuerza de voluntad nunca será suficiente. Recuerde que la fuerza de la voluntad vive en su alma. Su alma o mente aún esta caída, ella esta en el proceso de la salvación.

Todo discípulo debe entender que su viejo hombre fue crucificado y que él ya no vive más sino Cristo en él.

Mi antiguo yo ha sido crucificado con Cristo. Ya no vivo yo, sino que Cristo vive en mí. Gálatas 2:20 NTV

Las obras de la carne son parte del "yo", un "yo" qué está supuesto a estar crucificado.

Capítulo 4

Duro Trato corporal

Pues si habéis muerto con Cristo en cuanto a los rudimentos del mundo, ¿por qué, como si vivieseis en el mundo, os sometéis a preceptos, tales como: No manejes, ni gustes, ni aun toques (en conformidad a mandamientos y doctrinas de hombres), cosas que todas se destruyen con el uso? Tales cosas tienen a la verdad cierta reputación de sabiduría en culto voluntario, en humildad y en duro trato del cuerpo; "pero no tienen valor alguno contra los apetitos de la carne". Colosenses 2:23

(Cursivas mías)

Hay quienes tienen la idea, que a la carne hay que castigarlas para poder domarla. Esa es la razón por la cual este capítulo se llama: Duro trato corporal. Lo que voy a plantear ahora, puede sonar polémico para algunos círculos, especialmente, los más tradicionales. La tradición, no considera lo que la palabra de Dios tiene que decir al respecto.

Hablemos del ayuno, el ayuno en el Antiguo Testamento era usado como una forma de quebrantamiento, y también era usado como una forma de arrepentimiento. En el Nuevo Pacto, vemos que el ayuno fue usado como parte de un ejercicio espiritual. No vemos en el Nuevo Testamento ayunos como los de libro de Joel por ejemplo, tampoco vemos ayunos como los del libro de Jonás; es decir no vemos a multitudes ayunando, no vemos infantes obligándolos a ayunar, ni mucho vemos, animales haciéndolos abstenerse de alimento.

Casi la gran mayoría de las enseñanzas que se están trasmitiendo hoy día en el cuerpo de Cristo, son en su mayoría enseñanzas alegóricas, es decir, ellos buscan un simbolismo en algún detalle de los ayunos citados en la Biblia, con esto, ellos sacan el foco de atención de lo que el texto en general quería decir.

Le voy a dar un ejemplo, hablemos del ayuno de Jesús en el desierto. La Biblia nos relata que Jesús fue llevado por el Espíritu al desierto, en el cual Jesús estuvo 40 días sin comer. Luego pasado este tiempo, Jesús tuvo hambre, enseguida comienza una gran batalla contra el diablo, una batalla escritural, vemos, tanto a Jesús citando la palabra de Dios, como al diablo haciendo lo mismo. Finalmente Jesús gana la batalla, y la Biblia nos relata lo siguiente.

El diablo entonces le dejó; y he aquí vinieron ángeles y le servían. Mateo 4:11

Bien, veamos como trabaja el predicador alegórico, el predicador le va a decir a usted, basado en la última parte de este verso, que el ayuno activa a los ángeles de Dios a su favor. Ahora bien, déjeme decirle algo, los ángeles no son activados ni por nosotros, ni mucho menos por nuestro ayuno, los ángeles sólo obedecen a Dios. Esto es algo curioso, el mismo diablo sabe esta verdad, verdad que los creyentes desconocen.

Y le dijo: Si eres Hijo de Dios, échate abajo; porque escrito está:

53

A sus ángeles mandará acerca de ti, m y,
En sus manos te sostendrán,
Para que no tropieces con tu pie en piedra. Mateo 4:6

¡Dios es el único que puede mandar ángeles! Este no es el único lugar que se nos habla que los ángeles obedecen a la voz del Padre.

¿Acaso piensas que no puedo ahora orar a mi Padre, y que él no me daría más de doce legiones de ángeles? Mateo 26:53

Podemos dar por descartado que el ayuno mueva la mano de los ángeles. Ellos solo obedecen a la voz de Dios y Su Palabra.

¿Puede el ayuno mover la mano de Dios?

No hay nada en el mundo que pueda mover la mano de Dios. Cuando usted coloca su vida cronológicamente después de la cruz, se va a dar cuenta que la mano de Dios ya se movió. Fue en la cruz donde a usted le salvaron, fue en la cruz donde a usted le sanaron, fue en la cruz donde su viejo hombre ya fue crucificado.

Yo recuerdo mi propia vida, recuerdo intentar todas las fórmulas que habían por ahí, leí muchos libros, escuché a muchos predicadores, y todos me daban la misma receta: "Ayuna para que hagas morir tu carne". Sentía tanta frustración, no sólo en mi vida, sino también en la vida de aquellos donde yo les daba la misma receta

Factor fe

La fe sólo se apropia, de lo que Dios colgó en la cruz del Calvario. Mire la cruz, ¿Qué ve usted en ella? Cuando hablamos de la cruz, no estamos hablando del pedazo de madera, cuando hablamos de la cruz, estamos hablando de la obra de la cruz, la cruz tiene valor por la persona que fue colgada en ella, esa persona fue Jesús. Una cruz sin Jesús no vale nada.

La fe es un receptor, la fe es la forma como nuestro espíritu recreado en Cristo recibe lo que Dios ya hizo hace mas de dos mil años. La fe dice: "Dios ya movió su mano cuando envió a su hijo a morir por mí, lo creo, lo recibo en el nombre de Jesús".

A fin de que no os hagáis perezosos, sino imitadores de aquellos que por la fe y la paciencia heredan las promesas. Hebreos 6:12

Cuando usted opera en la fe, usted deja excluida toda jactancia. Ya usted no puede decir: "Bueno, gracias a mi ayuno es que ahora ya no peco", ni tampoco puede decir: "La debilidad que tenía se fue gracias a mi ayuno". Piense por un momento algo. Si el problema que tenía la humanidad con el pecado y la naturaleza caída tenía solución sólo dejando de comer ¿Por qué entonces es que Dios tuvo que enviar a su hijo a morir en aquella cruz? Si todo se solucionaba pasando hambre, entonces el sacrificio de Cristo fue en vano.

¿Dónde, pues, está la jactancia? Queda excluida. ¿Por cuál ley? ¿Por la de las obras? No, sino por la ley de la fe. Romanos 3:27

La verdad sobre el ayuno

En el Nuevo Pacto usted va a notar, que no hay mandamiento alguno para ayunar, debo aclarar que tampoco hay prohibición de ayunar. El ayuno en el Nuevo Pacto es un acto voluntario.

Tales cosas tienen a la verdad cierta reputación de sabiduría en culto voluntario, en humildad y en duro trato del cuerpo; "pero no tienen valor alguno contra los apetitos de la carne". Colosenses 2:23 (Cursivas mías)

Son muchos, los predicadores que han levantado una reputación espiritual a causa de ser conocidos como grandes ayunadores. A quienes incluso hablan de días mejores para que el ayuno sea más efectivo, es habitual ver que sus campañas de ayuno comienzan siempre en el mes de Enero, a las personas se les promete que si siguen la formula de los 21 días a base de jugo de frutas tendrán la bendición de Dios en sus vidas. Se les dice: "Terminarán con todos los problemas de la carne". Lamentablemente, esto esta muy lejos de la verdad.

Deténgase a mirar conmigo como termina nuestro texto, sea sincero, ríndase ante la evidencia Bíblica.

"...pero no tienen valor alguno contra los apetitos de la carne". Colosenses 2:23

Usar el ayuno, para reemplazar la obra de la cruz, donde mi viejo hombre fue crucificado es una ofensa no sólo a la cruz, sino también es tener por inmunda la sangre del pacto.

Escuchemos a Dios hablar: **Porque misericordia quiero, y no sacrificio, y conocimiento de Dios más que holocaustos.** (Óseas 6:6) Dios esta cansado de esos sacrificios, es más, Dios, ya no los toma en cuenta, Dios hoy día, esta tratando con la humanidad, y también con la iglesia, con el único sacrificio que el considera acepto, el sacrificio en el cual nos hizo perfectos para siempre. (Hebreos 10:14)

No es mi intención faltarle el respeto a nadie, ni mucho menos criticar, pero me veo en la obligación de decirle la verdad, así como la verdad hace libres la mentira esclaviza.

Pregonando la verdad

Jesús reveló, que él venia a poner en libertad a las personas que se encontraban atadas y cautivas. La forma como él lo iba a hacer era a través de un mensaje. Este mensaje es llamado las buenas nuevas. Jesús es la buena noticia, Jesús es el evangelio.

El Espíritu del Señor está sobre mí,
Por cuanto me ha ungido para dar buenas nuevas a los pobres;
Me ha enviado a sanar a los quebrantados de corazón;
"A pregonar libertad a los cautivos",
Y vista a los ciegos; A poner en libertad a los oprimidos;

A predicar el año agradable del Señor. Lucas 4:18 (Cursivas mías)

Lo que la gente necesita hoy día para ser libres es el mensaje correcto, centrado en la persona correcta, establecido en el lugar correcto. El mensaje es que Cristo murió en nuestro lugar en la cruz del calvario, y allí no sólo el pecado fue castigado, allí el poder que tenía el viejo hombre fue completamente destruido. ¡Gloria a Dios!

Capítulo 5

Y ahora ¿quien podrá ayudarme?

! Miserable de mí! ¿Quién me librará de este cuerpo de muerte?
Romanos 7:24

Hace unos años, recuerdo haber hablado con un amigo muy especial, este amigo antes de llegar a Cristo había estado preparándose en el seminario, había sido parte de la iglesia católica en una forma muy activa y conservaba ciertas modalidades típicas de su antigua religión. Algo que me llamó mucho la atención, fue una extraña costumbre que él tenía, este hermano tenía el hábito de trabajar en casa y de noche. El asunto en cuestión era que él abandonaba a su esposa por periodos muy largos, la desatendía física y emocionalmente a. Un día en particular me contó que él no tenía problemas con abstenerse largos tiempo sin intimidad pues había leído un libro excelente según él sobre este tema, lo cual le ayudaba a mantenerse en control total sobre su área sexual. La gran sorpresa qué él se llevo fue grande, al parecer su esposa no había leído el mismo libro, y un día menos pensado ella cansada de tanta indiferencia le pidió que se fuera de la casa y de su vida. Cada cierto tiempo me pregunto: ¿Como le estará yendo a mi amigo con su libro?

Cuidado con el león

El apóstol Pablo nos dejó un consejo muy importante.

...no teniendo confianza en la carne. Filipenses 3:3 (Cursivas mías)

Otra versión dice: "No depositamos ninguna confianza en esfuerzo (nuestras fuerzas) humanas". La mente es algo que debe estar en continua renovación, pues ella está con continuo bombardeo. Alguien dijo: No puede evitar que los pájaros vuelen alrededor de mi cabeza, pero si puedo evitar que ellos hagan un nido en ella.

No es "que" sino "Quien"

Si usted nota, el título de este capítulo no es ¿que podrá ayudarme? Sino más bien: ¿Quien podrá ayudarme? Nuestra ayuda para tratar con los deseos engañosos no viene de algo, nuestra ayuda viene de alguien, ésta, es la persona del Espíritu Santo.

Cuando nosotros estudiamos el libro de Romanos, nos vamos a encontrar con el precioso capítulo seis. En este capítulo está nuestra posición en Cristo. Este capítulo está lleno de lo que ya ocurrió en nosotros, este capítulo no representa algo que va a pasar en el futuro, aquí vemos representado nuestra posición actual. Estamos en Cristo, estamos bautizados en su muerte, lo cual quiere decir que nuestro viejo "yo" ya quedó en la cruz, el viejo hombre ya fue crucificado, el cuerpo del pecado ya fue destruido, no estamos bajo la ley, estamos bajo la gracia, el pecado ya no es nuestro amo, somos libres del viejo hombre. Podríamos fácilmente llamarle a Romanos seis: "El corazón de las buenas nuevas", también podríamos llamarle: "Síntesis del evangelio". En él, usted encuentra el gran mayor milagro jamás ocurrido en la historia, en él encuentra al hombre retomando la posición que Adán tuvo antes de pecar. Estos veintitrés versos, representan la obra de Cristo como sustituto. Usted no tiene que morir, usted no tiene que crucificarse, Cristo murió por usted, y no sólo eso, en la cruz él le llevó a usted consigo.

Porque el amor de Cristo nos constriñe, pensando esto: que si uno murió (Cristo) por todos, luego todos murieron. 2 Corintios 5:14 (Cursivas mías)

Aquí es donde viene el desenfoque, muchos están tratando de hacer por sí mismo, lo que Cristo ya hizo en la cruz. Usted no se imagina como esta verdad me liberó para siempre. Yo vivía tratando de crucificarme, yo vivía tratando a asfixiar al viejo hombre hasta hacer lo morir.

Considere los siguientes versos conmigo por favor:

"Sabiendo" esto, que nuestro viejo hombre fue crucificado juntamente con él, para que el cuerpo del pecado sea destruido, a fin de que no sirvamos más al pecado. Romanos 6:6 (Cursivas mías)

Sabemos que nuestro antiguo ser pecaminoso fue crucificado con Cristo para que el pecado perdiera su poder en nuestra vida. Ya no somos esclavos del pecado. Romanos 6:6 NTV

Porque el que ha muerto, ha sido justificado del pecado. Romanos 6:7

Así también vosotros "consideraos" muertos al pecado, pero vivos para Dios en Cristo Jesús, Señor nuestro. Romanos 6:11 (Cursivas mías)

Hay algo que usted debe considerar: ¡Usted esta muerto al pecado!

Romanos seis, siete y ocho: El gran sándwich

A alguien una vez le escuché decir que, Romanos seis, siete y ocho representaban un gran sándwich. Romanos seis representa una de las tapas de la salvación, Romanos ocho representa otra de las tapas, y Romanos siete representa la carne que van entre las dos tapas del sándwich. Ya hemos visto la primera parte, Romanos seis, Cristo lo hizo por nosotros. Ahora vamos a Romanos siete, vamos a tratar con la miseria, vamos a tratar con la humillación.

¿Qué le da vida al pecado?

¿Qué diremos, pues? ¿La ley es pecado? En ninguna manera. Pero yo no conocí el pecado sino por la ley; porque tampoco conociera la codicia, si la ley no dijera: No codiciarás. Mas el pecado, tomando ocasión por el mandamiento, produjo en mí toda codicia; porque sin la ley el pecado está muerto. Romanos 7:7-8

¿Sabe usted por que en la iglesia los creyentes están cada día más esclavos del pecado?

La razón es muy simple, escuche los sermones, escuche sus predicas, ellas están llenas de ley, ellas están llenas de reglas. Ninguna de ellas están diseñadas para hacer a los creyentes libres, ellas están diseñadas para decirle a los cristianos cuanto les falta, les recuerdan a los hijos de Dios cuán cortos están de la gloria de Dios. Pruébelo conmigo, le invito a decir a quienes están luchando con el hábito de la nicotina, ponga un gran letrero en su iglesia que diga: "Los que fuman no iran al cielo". ¿Sabe lo que va a pasar? Los que fuman van a fumar más, claro lo van a hacer a escondidas, pero lo van a hacer en mayor cantidad ¿sabe porque? Lea nuevamente nuestro verso

Pero yo no conocí el pecado sino por la ley; porque tampoco conociera la codicia, si la ley no dijera: No codiciarás. Mas el

pecado, tomando ocasión por el mandamiento, produjo en mí toda codicia. **Romanos 7:7-8**

Todos somos testigos, todos los días de esa clase de mensaje, la ley no puede cambiar el corazón del hombre, la ley es la alta demanda de Dios que nadie jamás ha podido cumplir, salvo Cristo.

¿Sabe lo que pasaría si se dejara de predicar tantas reglas y tanta ley de Moisés? ¿Esta listo para escuchar la gran noticia? Estoy seguro que más de alguno estar pensando que sin el énfasis en la reglas lo único que habría sería un desborde de carnalidad. Pero si usted es honesto conmigo, seguro que ya habrá notado que hemos venido viviendo un desborde de carnalidad en el cuerpo de Cristo desde hace mucho tiempo, somos testigos de haber visto caer a los predicadores más legalistas en las peores cosas, no digo esto para avergonzar a nadie, sólo trato de llevarlos al punto de usar el sentido común.

Léalo por usted mismo, digiéralo suavemente, vea lo que pasa cuando se le quita el ingrediente de la ley a nuestra dieta espiritual.

...porque sin la ley el pecado está muerto. **Romanos 7:8**

Lamentablemente la iglesia es experta en dar primeros auxilios al pecado, somos expertos en resucitar el pecado, ¿Sabia usted, que a pesar de todo lo que Cristo ha hecho quitando el pecado de en medio, aún podemos tenerlo presente? Esto es como cuando alguien quita un adorno de un lugar en la casa, y luego otro vuelve a ponerlo en el mismo sitio, la persona que lo quitó se pregunta ¿Me pareció haber quitado este jarrón de flores? Entonces lo vuelve a quitar hasta que llega la segunda persona y lo vuelve a poner de vuelta. Así mismo es lo que pasa con lo que Cristo hizo, Cristo quitó el pecado cumpliendo la ley, pero entonces en la iglesia vuelven a poner el mensaje de la ley y de las reglas y traen de vuelta al pecado. Observe el siguiente verso.

...la ley le da al pecado su poder. **1 Corintios 15:56 NTV**

La ley no sólo le da poder al pecado, la ley también trae conciencia de pecado. La conciencia de pecado es el gran ladrón de la vida abundante que Cristo nos trajo, la conciencia de pecado es el gran hurtador de la conciencia de justicia. Yo pienso, que en vez de hacer tantos llamados a los creyentes para que sus pecados sean expuestos por la luz, el llamado debería ser que ellos vengan a la luz para que vean que sus pecados ya han sido removidos por la gracia y misericordia de nuestro Señor Jesucristo.

¿Cuánto más la sangre de Cristo, el cual mediante el Espíritu eterno se ofreció a sí mismo sin mancha a Dios, limpiará vuestras conciencias de obras muertas para que sirváis al Dios vivo? Hebreos 9:14

¿Murió la ley en la cruz?

Anulando el acta de los decretos (La ley y los diez mandamientos) que había contra nosotros, que nos era contraria, quitándola de en medio y clavándola en la cruz. Colosenses 2:14 (Cursivas mías)

Una cosa es que la ley y los diez mandamientos hayan sido dejados sin efecto, y otra muy distinta es que la ley haya muerto en la cruz. La ley no podía morir en la cruz, por que la ley fue dada por carácter eterno, fue dada para siempre, ¿cómo soluciona Dios este enredo entonces? Recuerde que seguimos en Romanos siete, estamos en el centro del sándwich, estamos tratando con al carne o el jamón metido en medio de este pan.

¿Acaso ignoráis, hermanos (pues hablo con los que conocen la ley), que la ley se enseñorea del hombre entre tanto que éste vive? Porque la mujer casada está sujeta por la ley al marido mientras éste vive; pero si el marido muere, ella queda libre de la ley del marido. Así que, si en vida del marido se uniere a otro varón, será llamada adúltera; pero si su marido muriere, es libre de esa ley, de tal manera que si se uniere a otro marido,

no será adúltera. *"Así también vosotros, hermanos míos, habéis muerto a la ley"* mediante el cuerpo de Cristo, para que seáis de otro, del que resucitó de los muertos, a fin de que llevemos fruto para Dios. Porque mientras estábamos en la carne, las pasiones pecaminosas que eran por la ley obraban en nuestros miembros llevando fruto para muerte. *"Pero ahora estamos libres de la ley, por haber muerto para aquella en que estábamos sujetos"*, de modo que sirvamos bajo el régimen nuevo del Espíritu y no bajo el régimen viejo de la letra. Romanos 7:1-6 (Cursivas mías)

Pablo usa la ilustración del matrimonio según la ley, por la ley la mujer está sujeta al marido, si el marido muere ella queda libre no del marido, ella queda libre de la ley que la sujetaba al marido. Muchos usan este pasaje para decir que los cristianos no se pueden divorciar, el divorcio es lo peor que le puede pasar al matrimonio, pero era la ley la que ponía yugo de esclavitud en la parejas. El apóstol simplemente está ilustrando, la manera como nosotros hemos muertos al ley y las demandas que ella tenía sobre nosotros. Observe estas dos expresiones de Romanos siete: *"Así también vosotros, hermanos míos, habéis muerto a la ley"*, *"Pero ahora estamos libres de la ley, por haber muerto para aquella en que estábamos sujetos.* ¿Quien fue que murió? ¿Fue la ley o fue usted? La razón porque a usted no le pueden obligar a observar y guardar la ley y sus diez mandamientos es porque usted esta muerto a la ley, y los muertos no responden pues no tienen signos vitales. ¡No, nosotros estamos muertos a todo!

Pero lejos esté de mí gloriarme, sino en la cruz de nuestro Señor Jesucristo, por quien el mundo me es crucificado a mí, y yo al mundo. Gálatas 6:14

A usted no le deben predicar ley porque la ley no le esta hablando a usted.

Pero sabemos que todo lo que la ley dice, lo dice a los que están bajo la ley, para que toda boca se cierre y todo el mundo quede bajo el juicio de Dios. Romanos 3:19

Voy a dejar un capítulo entero para explicar donde comienza en Nuevo Pacto, y cual es la diferencia entre el Antiguo Testamento y el Antiguo Pacto, en ese capítulo vamos a ver que se puede y que no se puede aplicar a los creyentes de esta dispensación de la gracia.

¿Se ha sentido usted miserable?

!Miserable de mí! ¿Quién me librará de este cuerpo de muerte? Romanos 7:24

He estado en congregaciones que han sido expuestas al mensaje legalista, he visto a unos cuantos con caras miserables, sintiéndose podridos por dentro y por fuera al ver que todas las demandas que desde el púlpito se hacen, sólo apuntan a recordarles cuan lejos están de la victoria. He visto también en esas misma congregación a otros que a son de coro gritan ¡amén! como respuesta a la voz gutural del predicador que, a todo mundo esta mandando al infierno. Hay iglesia que parecen verdaderos coliseos romanos, da la impresión que la gente se alegrara mientras ven a otros débiles ser devorados por los leones de la condenación. ¿Cómo solucionó Dios el problema de unas demandas que no podíamos cumplir?

Vamos a Romanos ocho y veamos a nuestro gran consolador y amigo, veamos al Espiritu Santo obrando.

Ahora, pues, ninguna condenación hay para los que están en Cristo Jesús, los que no andan conforme a la carne, sino conforme al Espíritu. Porque la ley del Espíritu de vida en Cristo Jesús me ha librado de la ley del pecado y de la muerte. Porque lo que era imposible para la ley, por cuanto era débil por la carne,

Dios, enviando a su Hijo en semejanza de carne de pecado y a causa del pecado, condenó al pecado en la carne. Romanos 8:1-3

¡Ahora!

Ahora es cuando no hay condenación, ahora usted esta en Cristo, Cristo es la razón por la cual ya no hay condenación. El verso uno de Romanos ocho en al segunda parte agrega: Para los que no andan conforme a la carne sino conforme al Espíritu", esta última frase no aparece en los manuscritos más antiguos, es muy fácil de investigar, solo aprenda un poquito sobre lo que es el texto receptus y el texto criticus y le arrojará mucha luz. De todos modos andar conforme a la carne no tiene nada que ver con ir al cine, o ir a la playa. La carne tiene un régimen y este régimen es la ley, el Espíritu tiene otra ley, es la ley de vida en Cristo Jesús, en una ley hay condenación, en otra ley hay vida y justificación. La ley en sí no era el problema, la ley es santa y pura; pero ineficaz contra los apetitos de la carne. La Biblia dice, que era imposible que la ley transformara a una persona perversa en una persona buena. Si era imposible, ¿como es que hay predicadores que quieren hacer lo imposible posible? Vea cómo lo solucionó el Senor: ...***Dios, enviando a su Hijo...*** **Romanos 8:3** ¡Cristo en la cruz no es un modelo, Cristo en la cruz es un sustituto! La obra de Romanos ocho, es la obra del Espíritu Santo. El Espíritu de Dios trae Romanos seis, que es mi posición en Cristo y la plasma en Romanos siete que es el estado actual de mi mente caída y no renovada que habita junto a un cuerpo con deseos y hábitos engañosos. Él sólo honra la obra de la cruz, la cruz es su perímetro de trabajo, y es la ley de la fe quien lo pone en acción.

¿Dónde, pues, está la jactancia? Queda excluida. ¿Por cuál ley? ¿Por la de las obras? No, sino por la ley de la fe. Romanos 3:27

Teniendo por inmunda la sangre del pacto

Las personas no saben lo serio que es tratar de inventar una prescripción para tratar con las obras de la carne fuera de la que Dios ya ha prescripto. La receta está en la cruz, la obra fue hecha en la cruz. Son muchos los creyentes que son sinceros en sus intentos, aunque son sinceros, están sinceramente equivocados. Por ejemplo, si va a ayunar, ayune, pero hágalo por los motivos correctos, si lo va hacer para ganar puntos ante Dios y así poder vencer lo que le aqueja, entonces usted no entiende el favor inmerecido, entonces usted no entiende la gracia de nuestro Señor. Ayunar para vencer sus apetitos carnales es tener por inmunda la sangre del pacto. El Espíritu Santo jamás va a honrar tal obra humana, no es cuando usted vive en el Espíritu que usted tiene victoria sobre las obras de la carne, sino cuando usted deja al Espíritu vivir Su vida en usted.

Más si por el Espíritu hacéis morir las obras de la carne, viviréis. Romanos 8:13

Capítulo 6

¿Se puede perder la salvación por pecar?

Antes de poder responder esta polémica pregunta, vamos a tener necesariamente que hacer un pequeño viaje a través de dos puntos de vista extremos.

La iglesia del Señor hoy día se ha convertido en un cuadrilátero. Hoy se puede ver a los pastores y líderes como verdaderos contrincantes en ambos extremos. Por otra parte, tenemos a los espectadores, los tenemos a ustedes, ustedes son lo que podríamos llamar el público. Muchas iglesias se han convertidos en verdaderos circos romanos, en donde después de cada alarido del predicador condenando o dando licencia para pecar, el pueblo reacciona igual a los circos romanos. Por ejemplo, si el predicador dice que todos los hermanos por tibios se van a ir al infierno, usted puede escuchar esos "ALELULAYAS" bien intensos dentro de lo que ya hemos llamado el público de las iglesias. Es fácil imaginar a los romanos en sus circos con el dedo pulgar hacia arriba o hacia abajo en señal de aprobación o descontento. Hoy día en las iglesias hacen lo mismo. Yo he sido testigo de eso, he visto hacer salir a las personas simpatizantes de la iglesia local, cerrar las puertas y dejar a los miembros solamente para ser parte del espectáculo del castigo y la humillación de aquel hermano que cayó y ahora tiene que rogar el perdón de sus hermanos. Recuerdo en una iglesia donde yo trabajé, a uno de los ministros que cayó, por el hecho de haber caído, los líderes de la iglesia se sintieron en derecho de quitarle parte de sus pertenecías y cosas personales de su oficina y casa. No sólo lo hicieron con él, también lo hicieron con la otra persona que había caído anteriormente. Recuerdo haber tenido un pequeño argumento con uno de los líderes, él era un gran amigo mío y estaba muy contento con este tipo de practica, él me dijo con voz muy segura: "Hay que limpiar la iglesia del pecado", yo muy joven en ese tiempo le respondí con una pregunta, le dije: Si fueras tu él que ha caído ¿Qué método te gustaría que usaran contigo para restaurarte? La verdad, él se quedó callado y no hubo respuesta.

Observemos el consejo Paulino:

Hermanos, si alguno fuere sorprendido en alguna falta, vosotros que sois espirituales, restauradle con espíritu de mansedumbre, considerándote a ti mismo, no sea que tú también seas tentado.

Gálatas 6:1

¿Salvos siempre salvos o condenados siempre condenados?

"Los dos extremos"

Vamos a examinar uno de los extremos, vamos a irnos al segundo caso, la doctrina de "Condenados siempre condenados"

¿Qué sostiene o afirma esta doctrina?

Esta doctrina afirma que la salvación es tan frágil que usted está en una cuerda floja todo el tiempo, ella proclama que la salvación es producto de las siguientes cosas

A) La salvación es un 50 % basada en lo que Cristo hizo.

B) La salvación es completada por el otro 50 % por ciento que depende de usted.

Esta doctrina condena todo lo que usted hace, ya sea por ir a la playa, ponerse maquillaje, por faltar a la iglesia o por pecar.

Sus motivaciones son el temor, el legalismo y la condenación. Sus temas son el pecado, el infierno y el diablo.

Aclarando los errores de la doctrina condenado siempre condenado

Primer error: La salvación no es del hombre

La salvación es del Señor. **Jonás 1:9 BLA** (cursivas mías)

La salvación descansa en la obra consumada de Jesús en la cruz del Calvario, no sólo eso, la salvación partió en el corazón de Dios, fue Dios mismo quien en su amor allá en el la eternidad hizo un plan redentor para el hombre.

Segundo error: Hay que ganarse la salvación

La salvación no es una recompensa, la salvación es un regalo.

Dios los salvó por su gracia cuando creyeron. Ustedes no tienen ningún mérito en eso; es un regalo de Dios. [9] **La salvación no es un premio por las cosas buenas que hayamos hecho, así que ninguno de nosotros puede jactarse de ser salvo. Efesios 2:8-9 NTV**

¿Entiende usted la expresión: "No tener ningún mérito"?

Yo recuerdo haber sido atormentado tanto con la idea de no saber cuán salvo estaba. Oraba, ayunaba, me envolvía en todo tipo de actividad en la iglesia, tenía tanto miedo de quedarme en el rapto. Recuerdo que por el año 1983 sufrí una gran depresión, no tenía ni idea lo que estaba pasando, nadie prácticamente sabía de mi sufrimiento. Comencé a consumir muchas pastillas para mi sistema nervioso, (debo haber tenido casi unos veinte años de edad), ya trabajaba en el ministerio, muchas veces, tenía que tomar pastillas incluso antes de subir al púlpito a ministrar. Los ataques de pánico eran frecuentes, tanto de día como de noche. A pesar de mi mucha oración no encontraba la respuesta. Del mismo modo como nuestros cuerpos físicos son afectados en gran parte por nuestra nutrición o por lo que comemos, así también nuestra vida espiritual es afectada por lo que escuchamos y creemos. Yo nací de nuevo en un movimiento de jóvenes en Chile, era una agrupación llena de entusiasmo, eran muy vanguardistas, tenían música moderna para la época, todos usaban el cabello largo, era poco común ver eso en aquellos días en las iglesias tradicionales. Aunque lucían bien liberales, su mensaje era en extremo enfermizo y legalista, usaban un sistema de discipulado en donde a uno lo controlaban absolutamente, no había privacidad. La persona que le asignaban a uno como mentor era prácticamente un espía que caminaba al lado de uno como si él fuera una clase de "detector de pecado". Doy gracias a Dios por mi amigo y pastor Rafael Martínez, fue en medio de esas crisis de condenación que le conocí. Lo primero que me enseñó fue la imputación de la justicia de Dios, o el de ser declarados sin culpa ante Dios como un acto de fe. Sus palabras llenas de fe en una noche cambiaron mi agonía de casi dos años de depresión y condenación, en una vida llena de seguridad de mi salvación.

Tercer error: Un sobre énfasis en el pecado

Si decimos que no tenemos pecado, nos engañamos a nosotros mismos, y la verdad no está en nosotros. 1 Juan 1:8

Si los que no pecan se van a salvar, nadie se va a salvar, sólo un mentiroso dice que nunca peca.

Ciertamente no hay hombre justo en la tierra, que haga el bien y nunca peque. Eclesiastés 7:20.

Vivimos todos aún en un cuerpo o casita que no ha sido transformado. Y aunque esto no debe ser utilizado como una justificación para hacer lo malo, esto debe traernos consuelo. Mientras estemos en este cuerpo terrenal vamos a ser sorprendidos de vez en cuando por tormentas de humillación.

El mensaje principal de la doctrinas de los condenados siempre condenados esta basado en el gran énfasis de alcanzar salvación a través de una auto limpieza. Ellos no miran la obra de Jesús como un acto consumado que trajo el beneficio de una salvación eterna, muchas veces ven la muerte de Jesús como un lamentable y triste hecho. En la cruz no hay un asesinato, en la cruz hay una ofrenda por el pecado.

Porque con una sola ofrenda hizo perfectos para siempre a los santificados.

Hebreos 10:14

Cuarto error. La doctrina de los condenados siempre condenados no entiende el sumo sacerdocio de Jesucristo

¿Qué significa que Jesús es nuestro sumo sacerdote?

En el Antiguo Testamento el sumo sacerdote se presentaba unas vez al año dentro del lugar santísimo (templo o tabernáculo) con una ofrenda que era el sacrificio de un animal. Esta ofrenda garantizaba el perdón de todos los pecados pasados. La gran diferencia es que, nuestro sumo sacerdote Jesús pagó no sólo los pecados pasados, sino también por los pecados presentes, y agregó los pecados futuros. Hace dos mil años atrás usted no había nacido, sin embargo Jesús estaba muriendo por los pecados que aún usted no había cometido.

Porque no tenemos un sumo sacerdote que no pueda compadecerse de nuestras debilidades, sino uno que fue tentado en todo según nuestra semejanza, pero sin pecado. Hebreos 4:15

¿De que se compadece Cristo entonces?

¡De nuestra debilidad!

Quinto error: Usted debe preocuparse por su salvación.

¡Usted no se preocupa, usted se ocupa!

Por tanto, amados míos, como siempre habéis obedecido, no como en mi presencia solamente, sino mucho más ahora en mi ausencia, "ocupaos" en vuestra salvación con temor y temblor. Filipenses 2:12

(Cursivas mías)

El principio de la sabiduría es el temor al Señor. Temor al Señor no es terror al Señor sino más bien reverencia al Señor; así que nos ocupamos de reverenciar al Señor ocupándonos en las cosas concernientes a la vida de salvación. Por ejemplo, asistimos a los servicios de nuestra iglesia, estudiamos la palabra de Dios, llevamos el mensaje del evangelio a los que no conocen a Dios, en fin hay una lista bien grande de ejemplos de la forma como nos podemos ocupar de nuestra salvación.

Salvos siempre salvos: El otro extremo

Bien, vamos a la otra esquina del cuadrilátero, vamos a los salvos siempre salvos

Hay varios varios tipos de salvos siempre salvos, pero voy a destacar dos en particular

Número uno: Están los que dice que la salvación no se puede perder porque la salvación es parte de la predestinación.

Número dos: Están los salvos siempre salvos que no creen en la predestinación pero niegan que un salvado pueda renunciar al regalo de su salvación.

Hablemos de la primera postura, esta es conocida como el enfoque calvinista.

Ellos dicen que usted no se puede perder porque si Dios lo predestinó, entonces eso se tiene que cumplir. Asimismo sostienen que todo lo que Dios determinó que sucediera antes de la fundación de mundo se va a cumplir por decreto soberano.

La palabra predestinación en griego es la palabra: *"proorizo"* que significa determinar anticipadamente. Vamos a mirar este punto de vista, y vamos a examinar todo el consejo de la palabra de Dios.

Errores de la doctrina "salvo siempre salvo"

Error numero uno: Todo esta predeterminado. Si predestinación es determinar anticipadamente: ¿Que es lo que Dios determino anticipadamente?

Porque a los que antes conoció, también los predestinó "para que" fuesen hechos conformes a la imagen de su Hijo, para que él sea el primogénito entre muchos hermanos. Romanos 8:29 (Cursivas mías)

Note conmigo, que en medio de toda esta declaración hay una frase muy importante: "para que". Esta expresión nos da a entender que todo lo que Dios predeterminó tenía un plan o propósito.

¿Cuál era este plan?

Este plan era que fuésemos hechos conforme a la imagen de nuestro Señor Jesucristo.

¿Quiénes son los que van a llegar a ser a la imagen de nuestro Señor Jesucristo?

¡Los que él desde antes conoció!

Siempre antes de la predestinación hay un conocimiento previo.

Mire lo que dice el apóstol Pedro:

Elegidos según la "presciencia" de Dios Padre en santificación del Espíritu, para obedecer y ser rociados con la sangre de Jesucristo: Gracia y paz os sean multiplicadas. 1 Pedro 1:2 (Cursivas mías)

La Presciencia de Dios es uno de sus atributos, Dios todo lo sabe, Dios es Omnisciente. La palabra presciencia viene del griego *"prognosis"*, que significa "conocimiento anticipado".

El diccionario Vine página 64 dice así: "El conocimiento anticipado involucra su gracia en elección pero no anula la voluntad del hombre". Así que podríamos concluir o redondear la idea diciendo que, Dios en base a su conocimiento previo de las cosas supo que el hombre iba a caer en el huerto de Edén; entonces predeterminó un plan, este plan era y es salvar al hombre y volverlo a su posición original. Jesús como segundo Adán vino a recuperar la imagen que perdió el primer Adán. Jesús es la imagen del plan, él es el cordero preparado desde antes de la fundación del mundo. El hombre nunca ha perdido la voluntad de elegir, desde el Génesis entre los dos árboles, hasta el Apocalipsis se mantiene su poder de elección.

Y el Espíritu y la Esposa dicen: Ven. Y el que oye, diga: Ven. Y el que tiene sed, venga; y el que quiera, tome del agua de la vida gratuitamente. Apocalipsis 22:17

Error numero dos: Todo lo que Dios preparó antes de la fundación del mundo se debe cumplir.

Quiero que leamos juntos varios pasajes del libro de Hebreos y usemos el sentido común en la interpretación Bíblica.

¿Quiénes fueron los que, habiendo oído, le provocaron? ¿No fueron todos los que salieron de Egipto por mano de Moisés?

¿Y con quiénes estuvo él disgustado cuarenta años? ¿No fue con los que pecaron, cuyos cuerpos cayeron en el desierto?

¿Y a quiénes juró que no entrarían en su reposo, sino a aquellos que desobedecieron?

Y vemos que no pudieron entrar a causa de "incredulidad".

Temamos, pues, no sea que permaneciendo aún la promesa de entrar en su reposo, alguno de vosotros parezca no haberlo alcanzado.

Porque también a nosotros se nos ha anunciado la buena nueva como a ellos; pero no les aprovechó el oír la palabra, por no ir "acompañada de fe" en los que la oyeron.

Pero los que "hemos creído" entramos en el reposo, de la manera que dijo:
Por tanto, juré en mi ira,
No entrarán en mi reposo; "aunque las obras suyas estaban acabadas desde la fundación del mundo". **Hebreos 3:16-19 y Hebreos 4:1-3** (Cursivas mías)

Los Israelitas tenían obras preparadas antes de la fundación del mundo pero no entraron por su incredulidad. Habían obras preparadas de ante mano, eran obras buenas, Dios las tenía antes de la fundación del mundo, pero ¿sabe que? Ellos no pudieron entrar porque decidieron simplemente no creer. Así que, es fácil ver que estos pasajes botan al piso el tonto intento de hacer de una teoría como lo es el de la predeterminación en una doctrina sana y Bíblica.

Vamos directo al grano

¿Cuál es el balance entonces? ¿Se puede o no se puede perder la salvación?

La salvación en sí no se puede perder, pues la salvación es eterna. Pero un salvado puede dejar de alcanzarla o devolverla por abandonar la fe.

Decir que la salvación es por gracia es una verdad incompleta

Porque por gracia sois salvos por medio de la fe; y esto no de vosotros, pues es don de Dios. Efesios 2:8

El verso dice "don", no dice "dones", así que hay que establecer cual es el don del cual nos esta hablando este verso

4 tipos de fe

1. La fe natural
2. La fe como medida
3. La fe como don
4. La fe como fruto

La últimas 3 son el resultado de haber puesto nuestra fe natural en la persona de Jesús y su obra sustitutiva en la cruz.

La fe como don de acuerdo a 1 Corintios 12, es una fe intermitente, es sólo una manifestación, a veces está, otra veces no está, es como el don de milagros, a veces se manifiesta otras veces no se manifiesta. Si nuestra salvación depende de esta manifestación, entonces no todo el tiempo podemos sostener nuestra salvación. Tanto la fe como medida, la fe como don, y la fe como fruto son el resultado de nuestro nuevo nacimiento en Cristo

¿Cuáles es el "don" que es un regalo de acuerdo al verso que estamos viendo?

Don es regalo, así que, el regalo es la gracia, y la gracia no es una doctrina. La gracia es una persona, la gracia es la persona s de Jesús.

Jesús, él es la gracia, Jesús es el evangelio, Jesús es la Palabra encarnada, Jesús es todo.

La salvación no es por gracia sola, si fuera así todo el mundo fuera salvo, la salvación es por gracia a través de la fe.

Parafraseando un poco, podríamos decirlo de esta manera: "Somos salvos por la gracia, es decir, por Jesús el regalo, y este regalo, la persona de Jesús, lo recibimos sólo por fe".

Si libre entré libre me puedo salir

La salvación no se puede perder, pero un creyente puede apartarse de la fe.

Veamos algunos versos que nos hablan que un creyente si puede voluntariamente apartarse de la fe.

Pero el Espíritu dice claramente que en los postreros tiempos algunos apostatarán de la fe, escuchando a espíritus engañadores y a doctrinas de demonios.

1 Timoteo 4:1

Por tanto, es necesario que con más diligencia atendamos a las cosas que hemos oído, no sea que nos deslicemos. Hebreos 2:1

Palabra fiel es esta:
   Si somos muertos con él, también viviremos con él;
Si sufrimos, también reinaremos con él;
Si le negáremos, él también nos negará.
Si fuéremos infieles, él permanece fiel;
El no puede negarse a sí mismo. 1 Timoteo 2:11-13

Hay provisión para ser infiel y débil, pero no hay provisión para negarle.

Manteniendo la fe y buena conciencia, desechando la cual naufragaron en cuanto a la fe algunos, de los cuales son Himeneo y Alejandro, a quienes entregué a Satanás para que aprendan a no blasfemar. 1 Timoteo 1:19-20

Y sus enseñanzas se extienden como gangrena. Entre ellos están Himeneo y Fileto, que se han desviado de la verdad. Andan diciendo que la resurrección ya tuvo lugar; y así trastornan la fe de algunos." 2 de Timoteo 2:17-18 NVI

Explicando lo que es apostasía

En los textos compartidos anteriormente, queda claro que esos "algunos" que pueden apostatar, no son cualquiera, esos "algunos" que puedan apostatar son creyentes. Apostatar es simplemente desertar, renunciar, abandonar. Para desertar de algo hay que estar en ello primero, para apostatar de la fe hay que necesariamente haber sido parte de ella. Por ejemplo, a mi nadie me podría acusar de ser un desertor de los Testigos de Jehová si yo nunca he pertenecido a ellos. En este pacto, todo esta provisto, hay provisión para el pecado, no importa cuán terrible este sea, para lo único que no hay provisión es para el abandono de la fe. Abandonar la fe no ocurre de la noche a la mañana, no tiene nada que ver con pecar, ni dejar de congregarse, o dejar de diezmar. Apostatar tiene que ver con el hecho de que un día profesé mi fe en Cristo y ahora me retiro de las filas del evangelio y pongo mi fe en algo diferente fuera de la provisión de la cruz de Cristo. Todos los días hay hermanos, pastores y líderes cristianos que están abandonando su fe (lo que Cristo hizo) y se están pasando a religiones orientales. Otros han llegado simplemente a la conclusión de que simplemente no existe Dios debido a cosas que han sucedido en sus vidas, que los ha llevado a pensar que si Dios existiera nada de eso les hubiera ocurrido. He visto videos de ex predicadores convertidos al Islam. Esta religión no cree que Cristo murió en una cruz, ni creen que Jesús es el hijo de Dios. Recuerde, Jesús es el único nombre en el cual hay salvación, no hay otro nombre (Hechos 4:12).

Pero ojo, no sólo la apostasía puede venir por cambiarse a algo tan radical como los ejemplos anteriores, sino apostasía tiene que ver con escuchar las doctrinas equivocadas, y moverse a un punto de vista en donde la obra sustitutiva de Cristo exclusivamente en la cruz no es el eje central de nuestra predicación ni fe.

Pues me propuse no saber entre vosotros cosa alguna sino a Jesucristo, y a éste crucificado. 1 Corintios 2:2

¿Existe una fe especial para salvación?

Hay quienes sostienen que existe una fe salvadora la cual el hombre no puede producir por sí mismo, ellos afirman que el hombre no puede creer en Dios debido a su depravación total. Sin embargo, esto no es lo que encontramos en la Biblia. En la palabra de Dios vemos siempre una demanda al hombre por creer.

Veamos los siguientes pasajes:

Y él le dijo: Hija, tu fe te ha hecho salva; ve en paz, y queda sana de tu azote. Marcos 5:34

Jesús le dijo: Si puedes creer, al que cree todo le es posible. Jesús le dijo: Si puedes creer, al que cree todo le es posible. Marcos 9:23

Entonces les tocó los ojos, diciendo: Conforme a vuestra fe os sea hecho. Mateo 9:29

Si la fe para salvarse es un don de Dios, es decir es un regalo de él, entonces la pregunta que viene a la mente es: ¿Por qué entonces todas las personas a quienes se le comparte el evangelio no nacen de nuevo? Alguien de postura calvinista rápidamente responderá: "Bueno, lo que pasa es que Dios escoge a unos para salvarlos y a otros no". Los que plantean esta teoría no saben lo que afirman, decir eso es creer que Dios hace acepción de personas, lo cual es contrario al corazón de Dios.

Nuevamente observemos otros pasajes como evidencia.

Entonces Pedro, abriendo la boca, dijo: En verdad comprendo que Dios no hace acepción de personas. Hechos 10:34

Porque de tal manera amó Dios al mundo, que ha dado a su Hijo unigénito, para que todo aquel que en él cree, no se pierda, mas tenga vida eterna. Juan 3:16

Porque esto es bueno y agradable delante de Dios nuestro Salvador, el cual quiere que todos los hombres sean salvos y vengan al conocimiento de la verdad. 1 Timoteo 2:3-4

El Señor no retarda su promesa, según algunos la tienen por tardanza, sino que es paciente para con nosotros, no queriendo que ninguno perezca, sino que todos procedan al arrepentimiento. 2 Pedro 3:9

Él mismo es el sacrificio que pagó por nuestros pecados, y no sólo los nuestros sino también los de todo el mundo. 1 Juan 2:2 NTV

Nuevamente: El factor Fe

La fe del hombre, es simplemente la respuesta del hombre a la generosidad de Dios, nuestra fe puede recibir, o por incredulidad se puede dejar de recibir.

Pues la Escritura dice: Todo aquel que en él creyere, no será avergonzado. Romanos 10:11

Y no pudo hacer allí ningún milagro, salvo que sanó a unos pocos enfermos, poniendo sobre ellos las manos. Y estaba asombrado de la incredulidad de ellos. Y recorría las aldeas de alrededor, enseñando. **Marcos 6:5-6**

Y no hizo allí muchos milagros, a causa de la incredulidad de ellos. Mateo 13:58

Si Jesús no pudo hacer allí ningún milagro, no fue porque él no tuviera la habilidad de hacer milagros, la razón por la cual Jesús no pudo hacer allí milagros fue por causa de la respuesta de la gente a su bondad.

Si la salvación no se pierde por pecar: ¿Por qué usted no debería pecar?

Usted no puede perder la salvación por pecar, porque para eso murió Cristo, sin embargo la práctica de pecado le puede llevar a la indiferencia espiritual, y la indiferencia espiritual le puede llevar a abandonar la fe en el sacrificio vicario de Cristo.

Un pastor que enseña que el pecado no abre puertas que conducen a la perdición, es un pastor irresponsable que no enseña todo el consejo de la Palabra de Dios.

Hoy día usted no es más salvo que mañana, ni hay creyentes más salvos que otros, si usted esta en Cristo, no importa sus debilidades, usted esta cubierto. Pero todas las promesas de Dios se alcanzan y se sostiene por medio de la fe en una persona, en la persona de Jesús. De acuerdo a la Biblia, el pecado es lo único que le da derecho legal al diablo para actuar en nuestra contra. El apóstol Pablo después de enumerar una gran lista de obras de la carne nos advierte a que esas cosas le dan lugar al diablo (Efesios 4:27)

Voy a usar una idea que no es mía pero me gusto mucho, alguien dijo que yo podría vivir en pecado y nunca haría que esto Dios me rechazara, sin embargo un estilo de vida pecaminoso puede hacer que uno llegue a rechazar a Dios. El pecado tiene la capacidad de endurecer el corazón (Hebreos 3:13)

Capítulo 7

La batalla entre dos pactos: La gran confusión

Procura con diligencia presentarte a Dios aprobado, como obrero que no tiene de qué avergonzarse, que usa bien la palabra de verdad. 2 Timoteo 2:15

La versión King James en inglés de este verso dice: **...rightly dividing the word of truth...**, lo cual quiere decir que como obreros debemos saber dividir correctamente la palabra de verdad. ¿Por qué es importante saber dividir o trazar correctamente la palabra de verdad? Vamos por parte, la Biblia en sí es la palabra bendita de Dios de tapa a tapa; es decir desde Génesis hasta el Apocalipsis toda ella es la palabra de Dios inspirada. Ahora bien, dentro de la palabra de Dios nos encontramos con lo que se denominan dispensaciones o administraciones de Dios por así decirlo. Estas formas que Dios ha tenido de administrar y tratar con el hombre, caen dentro de los que entendemos son los pactos de Dios. Los dos pactos más conocidos por todos, son el Antiguo Pacto y el Nuevo Pacto. Quizás sea más fácil entenderlo como lo que nuestra Biblia en español llama testamentos. Así que podríamos decir que el Antiguo Testamento contiene el Antiguo Pacto y el Nuevo Testamento contiene a su vez en Nuevo Pacto. Es un error pensar que todo el Antiguo Testamento es el Antiguo Pacto, a simple vista nos da la impresión de que esto es así, pero la verdad es otra. En Antiguo Testamento tiene varios pactos, lo que nosotros denominamos Antiguo Pacto no es otra cosa que la ley de Moisés con sus diez mandamientos y un sin número de ordenanzas más. Además del pacto de la ley en el Antiguo Testamento, encontramos por ejemplo el pacto que Dios hizo con Noé.

Y dijo Dios: Esta es la señal del pacto que yo establezco entre mí y vosotros y todo ser viviente que está con vosotros, por siglos perpetuos: Mi arco he puesto en las nubes, el cual será por señal del pacto entre mí y la tierra. Génesis 9:12-13

Hay quienes tienen la idea errónea de pensar que todo lo que sucede entre el libro de Génesis y el libro de Malaquías es el pacto de la ley. Eso está muy lejos de la verdad.

Principios eternos

Dentro del Antiguo Testamento, aunque encontramos el pacto de la ley hay principios eternos que no están sujetos a ninguna dispensación y que trascienden los pactos. Por ejemplo esta el principio de la siembra.

Después dijo Dios: Produzca la tierra hierba verde, hierba que dé semilla; árbol de fruto que dé fruto según su género, que su semilla esté en él, sobre la tierra. Y fue así. Génesis 1:11

Es aquí donde aparece el principio de la siembra, todo produce según la semilla.

En la ley también encontramos este principio de siembra y cosecha.

Hay seis cosas que el Señor odia,
  no, son siete las que detesta:
los ojos arrogantes,
  la lengua mentirosa,
  las manos que matan al inocente,
el corazón que trama el mal,
  los pies que corren a hacer lo malo,
el testigo falso que respira mentiras,
  y el que "siembra discordia" en una familia. Proverbios
6:16-19 NTV (Cursivas mías)

En la gracia nuevamente nos volvemos a encontrar con este mismo principio, el principio de la siembra.

No os engañéis; Dios no puede ser burlado: pues todo lo que el hombre sembrare, eso también segará. Galatas 6:7

Podríamos aplicar esta misma regla a otras cosas que son principios eternos tales como la honra, la honestidad, la integridad y otros.

En el Antiguo Testamento hay cosas que aún tiene su aplicación.

Si bien es cierto, el Antiguo Testamento es dominado en gran parte por la ley mosaica, hay en el cosas que se cumplieron, otras que se están cumpliendo y algunas que no han tenido cumplimiento aún.

Por ejemplo cosas que ya se han cumplido -La venida del redentor del mundo-

Mas él herido fue por nuestras rebeliones, molido por nuestros pecados; el castigo de nuestra paz fue sobre él, y por su llaga fuimos nosotros curados. Isaías 53:5

Jesús no tiene que venir a morir y pagar por el pecado, él ya lo hizo, así que ese pasaje es un pasaje cumplido.

Si quiere ver algo que se está cumpliendo actualmente del Antiguo Testamento en nuestros días, solo dele una mirada a Ezequiel capítulo 38 y 39, y verá que todo lo que está aconteciendo en Israel y los pueblo del norte, lo cual incluye a Rusia en este mismo instante está en proceso de ser cumplido.

Vamos para el futuro, hay cosas del Antiguo Testamento que aún no se han cumplido, uno de ellas por ejemplo es la aparición del anticristo y la segunda venida de Cristo.

Y por otra semana confirmará el pacto con muchos; a la mitad de la semana hará cesar el sacrificio y la ofrenda. Después con la muchedumbre de las abominaciones vendrá el desolador, hasta que venga la consumación, y lo que está determinado se derrame sobre el desolador. Daniel 9:27

Quizás usted pensará que todo lo que estoy compartiendo en este capítulo nada tiene que ver con el hecho de poder vencer la carne con sus deseos engañosos. Pero este capítulo es vital pata entender porque hay tanta condenación en los mensajes, y cual es la causa de no poder disfrutar una limpia conciencia basada en la obra sustitutiva de Cristo

Dividiendo correctamente los pactos

¿Por qué es importante dividir bien el pacto de la ley del pacto de la gracia?

Trazar ambos pactos correctamente es un asunto de vida y muerte. Hoy día, está la idea que el Nuevo Pacto es una continuación del antiguo, lo cual es uno de los errores más grandes que se puede cometer. La ley tenía un propósito, la ley tenía un tiempo de expiración, la ley era sólo una sombra, la ley sólo hablaba a los que estaban bajo la ley.

¿Cuántos de ustedes han escuchado desde el púlpito los siguientes pasajes de la Biblia?

Como está escrito:
No hay justo, ni aun uno;
No hay quien entienda,
No hay quien busque a Dios.
Todos se desviaron, a una se hicieron inútiles;
No hay quien haga lo bueno, no hay ni siquiera uno.
Sepulcro abierto es su garganta;
Con su lengua engañan.
Veneno de áspides hay debajo de sus labios;
Su boca está llena de maldición y de amargura.
Sus pies se apresuran para derramar sangre;
Quebranto y desventura hay en sus caminos;
Y no conocieron camino de paz.
No hay temor de Dios delante de sus ojos. Romanos 3:10-18

Si usted nota conmigo, el pasaje comienza diciendo: "No hay justo, ni aun uno". Ahora, otra cosa que también notamos en la forma de comenzar el pasaje, observe la expresión; "Como está escrito". Todo buen estudiante de la Biblia se debería preguntar lo siguiente: ¿Como está escrito donde? La respuesta es simple, como esta escrito en la ley. Este, no es un pasaje para ser aplicado a creyentes nacidos de nuevo, por lo general se asusta e intimida a los hijos de Dios justificados en Cristo con este pasaje. Aunque todo lo anterior es una verdad, debemos terminar de leer el contexto de estos versos para entender a quienes fue escrito.

Los versos a continuación nos arrojan luz sobre esta declaración:

"Pero sabemos" que todo lo que la ley dice, lo dice a los que están bajo la ley, para que toda boca se cierre y todo el mundo quede

bajo el juicio de Dios; ya que por las obras de la ley ningún ser humano será justificado delante de él; porque por medio de la ley es el conocimiento del pecado. Romanos 4:19-20 (Cursivas mías)

Los creyentes del Nuevo Pacto deberían saber que todas estas cosas tan horribles son las cosas que la ley dice y demanda, no sólo eso, la ley demanda todas estas cosas pero no para todas las personas. Estas exigencias son hechas para aquellos que están bajo la ley, pues a ellos hablan. La buena noticia es que nosotros no estamos bajo la ley, nosotros estamos bajo el favor de Dios.

Porque el pecado no se enseñoreará de vosotros; pues no estáis bajo la ley, sino bajo la gracia. Romanos 6:14

Características de la ley

Aunque la ley era santa y pura, la ley tenía su talón de Aquiles en la debilidad y naturaleza caída del hombre.

Porque lo que era imposible para la ley, por cuanto era débil por la carne, Dios, enviando a su Hijo en semejanza de carne de pecado y a causa del pecado, condenó al pecado en la carne. Romanos 8:3

La ley era sombra.

Porque la ley, teniendo la sombra de los bienes venideros, no la imagen misma de las cosas, nunca puede, por los mismos sacrificios que se ofrecen continuamente cada año, hacer perfectos a los que se acercan. Hebreos 10:1

La ley nada perfeccionó.

(Pues nada perfeccionó la ley), y de la introducción de una mejor esperanza, por la cual nos acercamos a Dios. Hebreos 7:19

La ley sólo nos mostraba cuán pecadores éramos, pero no nos daba la habilidad de vencer el pecado.

...porque por medio de la ley es el conocimiento del pecado. Romanos 3:20

La ley produce ira.

Pues la ley produce ira; pero donde no hay ley, tampoco hay trasgresión. Romanos 4:15

Esta es la razón por la cuál uno ve a predicadores tan enojados, arrojando condenación en sus mensajes y trayendo desesperanza y confusión, ¿sabe porque? La razón es que ellos están llenos de ley, ellos son capaces de describirles el tabernáculo y sus utensilios, pero son inexpertos en la palabra de justicia que trae libertad, seguridad de salvación y paz.

La ley no puede hacer que nuestra carne se sujete a ella.

Por cuanto los designios de la carne son enemistad contra Dios; porque no se sujetan a la ley de Dios, ni tampoco pueden. Romanos 8:7

¿Para que sirve la ley entonces?

Esa misma pregunta la hizo y la respondió el apóstol Pablo a los gentiles.

Entonces, ¿para qué sirve la ley? Fue añadida a causa de las transgresiones, hasta que viniese la simiente a quien fue hecha la promesa; y fue ordenada por medio de ángeles en mano de un mediador. Gálatas 3:19

Note que la ley fue añadida, lo otro que se puede ver aquí es que fue dada con fecha de expiración, la ley se iba a caducar. Lo único que faltaba era que viniera la simiente la cuál es Cristo (Gálatas 3:16). La ley era sólo un ayo, es decir un guía por un tiempo hasta que viniera el tiempo del cumplimiento. Venido Jesús la ley llega a su fin.

Porque el fin de la ley es Cristo, para justicia a todo aquel que cree. Romanos 10:4

No se si a usted le ha pasado, en más de una ocasión he ido a la cocina y he abierto la nevera para calmar mi hambre y no he encontrado nada mejor que servirme un vaso de leche. Que rica es la leche, sobre todo bien fría, a mí me gusta mucho, aunque debo reconocer que no todo el tiempo la he sentido tan sabrosa. Esa misma leche tan deliciosa sabe muy mal cuando está expirada o fuera de fecha. No sólo sabe mal, ella huele mal. Eso es exactamente lo que esta pasando con muchos de los mensajes que todos los domingos se están predicando desde los púlpitos, son mensajes que tienen una fecha de expiración de más de dos mi años, digo dos mil años pues fue en la cruz donde la ley llegó a su fin.

¿Donde comienza el Nuevo Pacto?

En orden de poder poner los eventos en línea, nos es imperativo establecer donde comienza la gracia y donde se termina la ley. Nunca vamos a poder tener victoria sobre los deseos engañosos si no somos capaces de comprender que la ley fue termina en Cristo. Era ella, la que encendía nuestras pasiones y deseos por causa de una naturaleza que no se podía someter a ella.

Pablo dijo:

Pero yo no conocí el pecado sino por la ley; porque tampoco conociera la codicia, si la ley no dijera: No codiciarás. Mas el

pecado, tomando ocasión por el mandamiento, produjo en mí toda codicia; porque sin la ley el pecado está muerto. **Romanos 7:7-8**

Porque el pecado, tomando ocasión por el mandamiento, me engañó, y por él me mató. Romanos 7:11

Ahora, recuerde que lo que le da vida al pecado, es la ley. Si no somos capaces de comprender donde la ley termina, seguiremos poniendo yugo sobre nosotros, lo cual nos hará seguir tratando de lidiar con la carne a través de mandamientos y reglas que ya han llegado a su fin, a causa de su ineficacia por la debilidad de la carne. (Romanos 8:3)

Para muchos creyentes, el Nuevo Pacto comienza en el libro de Mateo, es decir lo que se llama el Nuevo Testamento. Pero contrario a los que todos piensan el Nuevo Pacto comienza en otro lugar.

Veamos lo que la Biblia enseña al respecto:

"Porque donde hay testamento, s necesario que intervenga la muerte del testador. (En este caso Jesús)

Porque el testamento con la muerte se confirma; pues no es valido entre tanto el testador (es decir Jesús) esta vivo" Hebreos. 9:16-17 (Cursivas mías)

En otras palabras, mientras Jesús nuestro Señor caminó en su ministerio terrenal aún no se encontraba en vigencia el Nuevo Pacto.

La pregunta que salta a la mente es:

¿Por qué razón?

La respuesta es simple:

Así como en el pacto de la ley se demandaba el derramamiento de sangre, para que se establezca un Nuevo Pacto debe haber derramamiento de sangre nuevamente.

De donde ni aun el primer pacto fue instituido sin sangre. Hebreos 9:18

Entonces ¿que pacto se encontraba en vigencia mientras Jesús caminaba en sus 3 años y algo en su ministerio terrenal?

El pacto que estaba en pie era el Viejo Pacto de la ley Mosaica. Bajo esa ley vivió el Señor.

Pero cuando vino el cumplimiento del tiempo, Dios envió a su hijo, nacido de mujer y nacido bajo la ley. Galatas 4:4

En otras palabras la religión de Jesús en los días de su carne no fue el Cristianísimo sino el Judaísmo. El Cristianismo nació como resultado de lo que el hizo en la cruz no antes.

Todos, absolutamente todos los milagros, comentarios, hechos, dichos, y demandas de nuestro Señor Jesucristo en los días de su carne, son eventos que se encuentran efectuados bajo la ley de Moisés. Eso explica por ejemplo el caso del joven que le preguntó al Señor que él debía de hacer para heredar la vida eterna;

La respuesta del Señor fue: Los mandamientos sabes. (Marcos 10:17-19)

Como aún estaba vigente el pacto de la ley, Jesús tuvo que echar mano a la única que herramienta que el tenía disponible, esta era la ley de Moisés.

Jesús no podía decir por ejemplo: "Tienes que creer que mi sangre es suficiente para tí", o tampoco podía preguntarle al joven: ¿Crees que morí por tí en la cruz?'"

Es sólo después que él muere, que comienza la vigencia el nuevo y mejor pacto. Es después de su muerte que la Biblia dice que somos salvos por gracia a través de la fe, no por obras. Efesios 2:8.

El periodo de los llamados " evangelios", no es más que una etapa de transición, en donde el Viejo Pacto todavía está en pie. Recuerde que todo lo que la ley habla, lo habla para aquellos que están bajo la ley. (Romanos. 3:19) Es por eso que hay que tener cuidado con lo que aplicamos de esas enseñanzas a la iglesia pues no todas, pero algunas de ellas son parte del antiguo régimen. Jesús fue siervo de un sistema que estaba pronto a ser abolido, él sólo actuó como nuestro subtitulo.

Pues os digo, que Cristo vino a ser siervo de la circuncisión... Romanos 15:8

Todo hombre que se circuncida,..está obligado a guardar toda la ley. Galatas 5:3

Comprenda hermano amado que todo lo que la ley decía consistía en comida, y bebidas, de diversas abluciones, y ordenanzas en cuanto a la carne, hasta el tiempo de reformar las cosas. Ahora ya estando el Cristo resucitado que es nuestro sumo sacerdote, todo lo que era el Pacto Viejo queda abolido.

El Nuevo Pacto no es continuación del antiguo, el nuevo no sólo es nuevo, sino también y mejor. (Hebreos 9:10-11-Hebreos 8:7).

Es en la cruz donde comienza el Nuevo Pacto no en otro lugar, ni en otro momento histórico.

Fue por eso que el Señor Jesús exclamó en el madero: "Consumado es" y no: "Consumado será".

CAPÍTULO 8

Una cruz olvidada

Pero lejos esté de mí gloriarme, sino en la cruz de nuestro Señor Jesucristo, por quien el mundo me es crucificado a mí, y yo al mundo. Gálatas 6:14

¿Que significa la cruz para el mundo cristiano?
¿Es en la cruz o en la resurrección donde está nuestra victoria?

Si la victoria esta en la resurrección:
¿Por qué Pablo pone tanto énfasis en la obra hecha en la cruz?

Porque los judíos piden señales, y los griegos buscan sabiduría; pero nosotros predicamos a Cristo crucificado 1 Corintios 1:22-23

Ahora note la siguiente expresión del apóstol:

Pues me propuse no saber entre vosotros cosa alguna sino a Jesucristo, y a éste crucificado. 1 Corintios 2:2

¿Sería acaso que Pablo está minimizando la resurrección de Cristo? ¡En ninguna manera!

Lo que sucede que a Pablo no lo llamaron ni a explicar a Jesús de Nazareth, es decir no lo llamaron a contar e interpretar al Señor en los días de su carne. Pablo por ejemplo no relata la historias de Jesús y Zaqueo, ni tampoco ocupa tiempo en sus carta para explicar el significado de la parábolas, Pablo nunca hace mención de el ciego Bartimeo. Pablo sabía que Jesús en los días de su carne se encontraba aún bajo un pacto de obras y de ley (Gálatas 4:4, Romanos 15:8) Él comprendió que el Nuevo Pacto comenzó en la cruz. (Hebreos 9:1618).

El apóstol por otra parte aunque nos habla del resucitado a quien pertenecemos (Romanos7:4) pone todo su énfasis en la cruz de Cristo. A Pablo lo mandaron a explicar al crucificado, a él lo enviaron a interpretar la obra de la cruz, a él le fue revelado el evangelio, las buenas nuevas basadas en el sacrificio supremo de Cristo.

Pablo vio que en la obra de la cruz no había debilidad ni derrota, en la obra de la cruz se encuentra todo el poder para nuestras vidas.

Porque la palabra de la cruz es locura a los que se pierden; pero a los que se salvan, esto es, a nosotros, es poder de Dios. 1 Corintios 1:18

¿Depende nuestra salvación de la resurrección de Jesús?

Plantear esto, es no entender lo que la sombra y los rituales del Antiguo Pacto. Todas las cosas en las ceremonias del Antiguo Pacto apuntaban al sacrifico de Jesús como sustituto nuestro. Gloria a Dios por la resurrección de Cristo, pero a nosotros nos salvaron con una ofrenda no con una resurrección, era una ofrenda lo que se necesitaba.

Veamos unos de los textos mas usados sobre la resurrección.

Porque si los muertos no resucitan, tampoco Cristo resucitó; y si Cristo no resucitó, vuestra fe es vana; aún estáis en vuestros pecados. 1 Corintios 15:16-17

Primera cosa que hay que notar. Acá, Pablo no viene hablando ni de fe, ni de salvación, el contexto esta hablando sobre el punto si hay resurrección o no.

Pablo concluye diciendo que si no existe tal cosa como la resurrección literal de los creyentes, entonces Cristo tampoco resucitó. Si Cristo no resucitó nuestra fe es vana, es decir hemos creído en vano que hay resurrección. Recuerde que Jesús es el autor y consumador de la fe (Hebreos 12:1) y fue en la cruz donde él dijo consumado es.

Otra cosa, Pablo nunca dijo que si Cristo no resucitó nuestros pecado no han sido perdonados. Él dijo aún estáis en vuestros pecados.

En la cruz no sólo se encuentra el pecado de Adán, se encuentra también nuestro pasado y el dominio que tenía la naturaleza caída sobre nosotros. Ahora en la resurrección se encuentra nuestra nueva vida, es esa vida de justicia en donde fuimos declarados recto ante Dios.

La resurrección es la representación de lo nuevo, pero para poder disfrutar de la nueva vida hay que entender donde nuestra vieja vida fue sepultada y muerta. Para parafrasear a Pablo, podríamos decir que el contexto de 1 Corintios 15:16-17 nos está hablando que si Cristo no resucito, aún no podemos disfrutar de la nueva vida en él que tenemos. Lo cual implica que el viejo hombre aún tiene dominio sobre nosotros. Primero la muerte del viejo hombre, luego la vida nueva en Cristo. Dicho de otro modo, primero la cruz luego la resurrección. Una cosa nos lleva a la otra.

¿Para qué resucita Jesús?

Pablo, siervo de Jesucristo, llamado a ser apóstol, apartado para el evangelio de Dios, que él había prometido antes por sus profetas en las santas Escrituras, acerca de su Hijo, nuestro Señor Jesucristo, que era del linaje de David según la carne, ⁴ que fue declarado Hijo de Dios con poder, según el Espíritu de santidad, por la resurrección de entre los muertos. Romanos 1:1-4

La resurrección no hace otra cosa que confirmar que Jesús era todo lo que él dijo que él era. Él era el Mesías, el ungido, el enviado de Dios, él era el hijo de Dios.

Es por eso que los apóstoles predicaban tanto de la resurrección de Cristo a los judíos, pues esta era la prueba que él realmente era el Mesías el hijo de Dios.

Note la expresión **"fue declarado Hijo de Dios con poder, según el Espíritu de santidad, por la resurrección de entre los muertos" Romanos 1:4**

Lo segundo era, que la resurrección fue el premio, o la exaltación de Jesús en los días de su carne por la obediencia de ir a la cruz.

Y estando en la condición de hombre, se humilló a sí mismo, haciéndose obediente hasta la muerte, y muerte de cruz. Por lo cual Dios también le exaltó. Filipenses 2:8-9

Y la ultima implicancia, es que la resurrección de Cristo es la prueba indubable que seremos trasformados para tener un cuerpo semejante al de él en su venida. Filipenses 3:20-21

Para entender la obra de la cruz, hay que entender el sistema de ofrendas y sacrificios del Antiguo Pacto. Esta es la única manera que podamos comprender la obra sustitutiva de Jesús.

Veamos aquí una representación de la obra sustitutiva.

Cuando hubiere acabado de expiar el santuario y el tabernáculo de reunión y el altar, hará traer el macho cabrío vivo; y pondrá Aarón sus dos manos sobre la cabeza del macho cabrío vivo, y confesará sobre él todas las iniquidades de los hijos de Israel, todas sus rebeliones y todos sus pecados, poniéndolos así sobre la cabeza del macho cabrío, y lo enviará al desierto por mano de un hombre destinado para esto. Y aquel macho cabrío llevará sobre sí todas las iniquidades de ellos. Levíticos 16:20-22

Al poner las manos sobre la cabeza del animal literalmente se estaba colocando todo los pecados del pueblo sobre él. Según la ley, el pueblo debía morir, pues el alma que pecare morirá lo decía la ley. El animal estaba llevando en sí las iniquidades de todos ellos en ese momento.

¿Se recuerda lo que dijo Juan el bautista de Jesús?

El siguiente día vio Juan a Jesús que venía a él, y dijo: He aquí el Cordero de Dios, que quita el pecado del mundo. Juan 1:29

Ahora observe donde se encontraba la remisión de los pecados, y vea la importancia de la obra hecha en la cruz.

Porque si la sangre de los toros y de los machos cabríos, y las cenizas de la becerra rociadas a los inmundos, santifican para la purificación de la carne, ¿cuánto más la sangre de Cristo, el cual mediante el Espíritu eterno se ofreció a sí mismo sin mancha a Dios (evento ocurrido en la cruz no en la resurrección), limpiará vuestras conciencias de obras muertas para que sirváis al Dios vivo? Así que, por eso es mediador de un nuevo pacto, para que interviniendo muerte (en la cruz) para la remisión de las transgresiones que había bajo el primer pacto, los llamados reciban la promesa de la herencia eterna (en la cruz no en la resurrección).

Porque donde hay testamento, es necesario que intervenga muerte del testador (en la cruz no en la resurrección). Porque el testamento con la muerte se confirma (en la cruz no en la resurrección); pues no es válido entre tanto que el testador vive. De donde ni aun el primer pacto fue instituido sin sangre (en la cruz no en la resurrección). Hebreos 9:13-18 (Cursivas mías)

Y casi todo es purificado, según la ley, con sangre; y sin derramamiento de sangre (en la cruz no en la resurrección) no se hace remisión. Hebreos 9:22 (Cursivas mías)

Y diciendo luego: He aquí que vengo, oh Dios, para hacer tu voluntad; quita lo primero, para establecer esto último. En esa voluntad somos santificados mediante la ofrenda del cuerpo de Jesucristo hecha una vez para siempre (en la cruz no en la resurrección). Hebreos 10:9-10 (Cursivas mías)

No quiero que me mal interprete. Si creo en la importancia de la resurrección de Cristo, como ya lo he aclarado anteriormente. Pero en la cruz no hay derrota, en la cruz lo que hay es victoria sobre el pecado, la naturaleza caída, el diablo, y el mundo.

Porque él es nuestra paz, que de ambos pueblos hizo uno, derribando la pared intermedia de separación, aboliendo en su carne las enemistades, la ley de los mandamientos expresados en ordenanzas, para crear en sí mismo de los dos un solo y nuevo hombre, haciendo la paz, y mediante "la cruz reconciliar" con Dios a ambos en un solo cuerpo, matando en ella las enemistades. Efesios 2:14-16 (Cursivas mías)

En quien tenemos redención por su sangre, el perdón de pecados (en la cruz). Colosenses 1:14

Y por medio de él reconciliar consigo todas las cosas, así las que están en la tierra como las que están en los cielos, haciendo la paz mediante la sangre de su cruz. Y a vosotros, estando muertos

en pecados y en la incircuncisión de vuestra carne, os dio vida juntamente con él, perdonándoos todos los pecados (en la cruz), anulando el acta de los decretos que había contra nosotros, que nos era contraria, quitándola de en medio y clavándola "en la cruz", y despojando a los principados y a las potestades, los exhibió públicamente, triunfando sobre ellos "en la cruz". **Colosenses 2:13-15** (Cursivas mías)

¿No le parece curioso que el libro a los Hebreos sólo aparece una sola vez mención a la resurrección prácticamente casi todo el libro esta dedicado a la implicancia del sacrificio sustitutivo de Jesús en la cruz? Hebreos 13:20

Sigamos nuestro recorrido por la cruz.

Salmo 22 relata los sufrimientos del Mesías

.Dios mío, Dios mío, ¿por qué me has desamparado?
   ¿Por qué estás tan lejos de mi salvación, y de las palabras de mi clamor? (en la cruz)

[6] Mas yo soy gusano, y no hombre; (en la cruz) Oprobio de los hombres, y despreciado del pueblo. (En la cruz)

[7] Todos los que me ven me escarnecen;
   Estiran la boca, menean la cabeza, diciendo:

[8] Se encomendó al Señor; líbrele él;
   Sálvele, puesto que en él se complacía.

[14] He sido derramado como aguas,
   Y todos mis huesos se descoyuntaron;
   Mi corazón fue como cera,
   Derritiéndose en medio de mis entrañas.

[15] **Como un tiesto se secó mi vigor,**
Y mi lengua se pegó a mi paladar,
Y me has puesto en el polvo de la muerte (en la cruz).

[16] **Porque perros me han rodeado;**
Me ha cercado cuadrilla de malignos;
Horadaron mis manos y mis pies (en la cruz).

[17] **Contar puedo todos mis huesos; (en la cruz)**

Entre tanto, ellos me miran y me observan.

[18] **Repartieron entre sí mis vestidos,**
Y sobre mi ropa echaron suertes (en la cruz).

Salmo 22:1, 22:6-8, 22:24-18

(Cursivas mías)

Para que Jesús se pudiera convertir en el buen pastor del salmo veintitrés, él debía primero tomar nuestro lugar como siervo sufriente del salmo veintidós.

La obra de la cruz en los ojos de Isaías

Despreciado y desechado entre los hombres, varón de dolores, experimentado en quebranto (evento ocurrido en la cruz y no en la resurrección); y como que escondimos de él el rostro, fue menospreciado, y no lo estimamos. Ciertamente llevó él nuestras enfermedades (en la cruz), y sufrió nuestros dolores (en la cruz); y nosotros le tuvimos por azotado (en la cruz), por herido de Dios y abatido (en la cruz). Mas él herido fue por nuestras rebeliones (en la cruz), molido por nuestros pecados (en la cruz); el castigo de nuestra paz fue sobre él (en la cruz), y por su llaga fuimos nosotros curados (en la cruz). Todos nosotros nos

descarriamos como ovejas, cada cual se apartó por su camino; mas el Señor cargó en él el pecado de todos nosotros (en la cruz). Angustiado él, y afligido, no abrió su boca; como cordero fue llevado al matadero; y como oveja delante de sus trasquiladores, enmudeció, y no abrió su boca (evento ocurrido en la cruz). Por cárcel y por juicio fue quitado; y su generación, ¿quién la contará? Porque fue cortado de la tierra de los vivientes, y por la rebelión de mi pueblo fue herido (en la cruz). Y se dispuso con los impíos su sepultura, mas con los ricos fue en su muerte; aunque nunca hizo maldad, ni hubo engaño en su boca. Con todo eso, el Señor quiso quebrantarlo, sujetándole a padecimiento (en la cruz). Cuando haya puesto su vida en expiación por el pecado, verá linaje, vivirá por largos días, y la voluntad del Señor será en su mano prosperada. Verá el fruto de la aflicción de su alma, y quedará satisfecho (en la cruz). Isaías 53:3-11 (Cursivas mías)

La perfección del creyente se alcanzó en la obra en la cruz.

Porque con una sola "ofrenda" (en la cruz) hizo perfectos para siempre a los santificados. Hebreos 10:14 Cursivas mías

Esta perfección, es en cuanto a la conciencia, Cristo en la cruz no sólo compró salvación eterna. Cristo en la cruz logró hacer algo que ninguno de los rituales del Antiguo Pacto podía hacer. Cristo con su sangre preciosa nos dió una conciencia limpia ante Dios no basada en nuestro actuar, ni mucho menos en nuestros desempeño como cristianos. La conciencia limpia es el resultado de la justificación imputada en nuestras vidas, hemos sido declarados sin culpa por la ofrenda redentora que fue hecha en la cruz. Ahora podemos caminar con una mentalidad de no tener ninguna deuda pendiente ante Dios. Todo nuestro buen comportamiento es el resultado y es nuestra respuesta a Dios bueno lleno de misericordia y amor.

La muerte de Jesús tiene un impacto sobre el pecado original y el viejo hombre. Para salvarnos sólo se necesitaba una ofrenda. En el Antiguo Pacto todo estaba basado en los sacrificios y ofrendas. A la resurrección de Cristo hay que darle el lugar que ella debe tener. La resurrección de Cristo tiene un gran impacto sobre nuestra vida futura, ella nos da la esperanza de saber que algún día físicamente seremos tal como es él.

En la consumación de los siglos, se presentó (Jesús) una vez para siempre por el sacrificio de sí mismo para quitar de en medio el pecado. Así también Cristo fue ofrecido una sola vez para llevar los pecados de muchos. Hebreos 9:17-18

Todo esta centrado en la cruz, una iglesia que no predica la cruz de Cristo es una iglesia que no ha entendido en evangelio revelado al apóstol Pablo a quien Dios le reveló la obra sustitutiva en la cruz del calvario.

La resurrección es muy importante, no la debemos menos preciar, pero la ofrenda con la cuál nos salvaron fue derramada con la preciosa sangre de nuestro salvador en el madero.

Pero lejos esté de mí gloriarme, sino en la cruz de nuestro Señor Jesucristo, por quien el mundo me es crucificado a mí, y yo al mundo. Gálatas 6:14

El Gran llamamiento

Venid a mí todos los que estáis trabajados y cargados, y yo os haré descansar. Mateo 11:28

El Señor le está haciendo un gran llamamiento. Este, es un llamado a entrar y reposar en la obra consumada de Jesús en el Calvario. No sólo hay esperanza para esta carne que nos humilla, sino también hay victoria total y absoluta sobre todos los deseos engañosos. La invitación es hacia la cruz, abrace la cruz, descanse en ella, vea en la cruz a la persona de Jesús tomando su lugar. Cristo venció no sólo al pecado, Jesús venció el poder que tenía el viejo hombre sobre nosotros dándole muerte a la naturaleza caída. No intente otras formas, ninguna de ellas va a trabajar como opera la obra consumado de Cristo. Me gustaría decirle que se sienta amado, justificado y aceptado en el Señor, pero creo que la mejor manera de ponerlo es diciendo "créalo". Estamos en un pacto donde todo se activa por fe. Recibimos salvación por causa de la fe y una confesión, y nos apropiamos de todas las promesas de Dios de la misma manera. Le recomiendo que no trate más, deje de inventar, entre en el reposo de los hijos de Dios, recuerde que su Padre Celestial le ama. Las personas creativas en lo natural, ya sea escultores o artistas que crean con sus propias manos, tienen la característica que ha medida que van esculpiendo sus obras con sus manos se van enamorando de ellas, ese no es el caso de nuestro Creador, Dios nos amó mucho antes de crearnos, su amor por nosotros comenzó antes de la fundación del mundo, su amor incondicional ya estaba operando mucho antes ser formados con sus manos.

También desearía con todo mi corazón que usted pusiera atención a los mensajes que está escuchando. Todo mensaje que se enfoca en el "hacer" para alcanzar la victoria es un mensaje altamente contaminado. Es la ley la que dice "Él que hiciera todas las cosas escritas vivirá por ella" (Gálatas 3:12) No permita que lo pongan bajo las reglas de un pacto que ya caducó. Cada vez que a usted le dicen que se debe esforzar y ser valiente usted ya sabe bajo que pacto lo están poniendo. En el Nuevo Pacto usted se esfuerza en la gracia (2 Timoteo 2:1) Bajo la nueva dispensación usted no tiene que hacer un esfuerzo humano para vencer, las buenas nuevas dicen que a usted le han dado espíritu de valentía (2 Timoteo 1:7) Mantenga en mente que bajo la ley todo está condicionado a su "guardar y hacer". En Deuteronomio capítulo 28 se nos decía que si guardábamos todos los mandamientos entonces Dios nos bendeciría; sin embargo estaban las letras pequeñas del contrato, las que casi no se ven. Estas pequeñas cláusulas nos advertían que debíamos guardar todas las reglas y demandas para evitar la penalización de la maldición. La buena noticia del evangelio revelado, es que Cristo cumplió todas las demandas de la ley para que usted y yo ahora podamos disfrutar las bendiciones de Dios por causa de la perfecta obediencia de Jesús. No me mal entienda por favor, no es mi planteamiento decir que como ciudadanos del Reino de Dios no tenemos responsabilidades que cumplir. Pero cuando se trata de recibir de parte de Dios, entramos al trono de la gracia con mucha confianza sabiendo que la persona de Jesús, nuestros Dios y Salvador ya pagó él precio y a nosotros sólo nos toca disfrutar lo que él nos regaló por gracia y que nosotros recibimos sólo por fe.

Gracia y Paz a sus vidas.

Pero los que hemos creído entramos en el reposo Hebreos 4:3